달 달 쓰고 곰곰 생각하는

달곰한

SENTENCE
WRITING

기본문의 확장

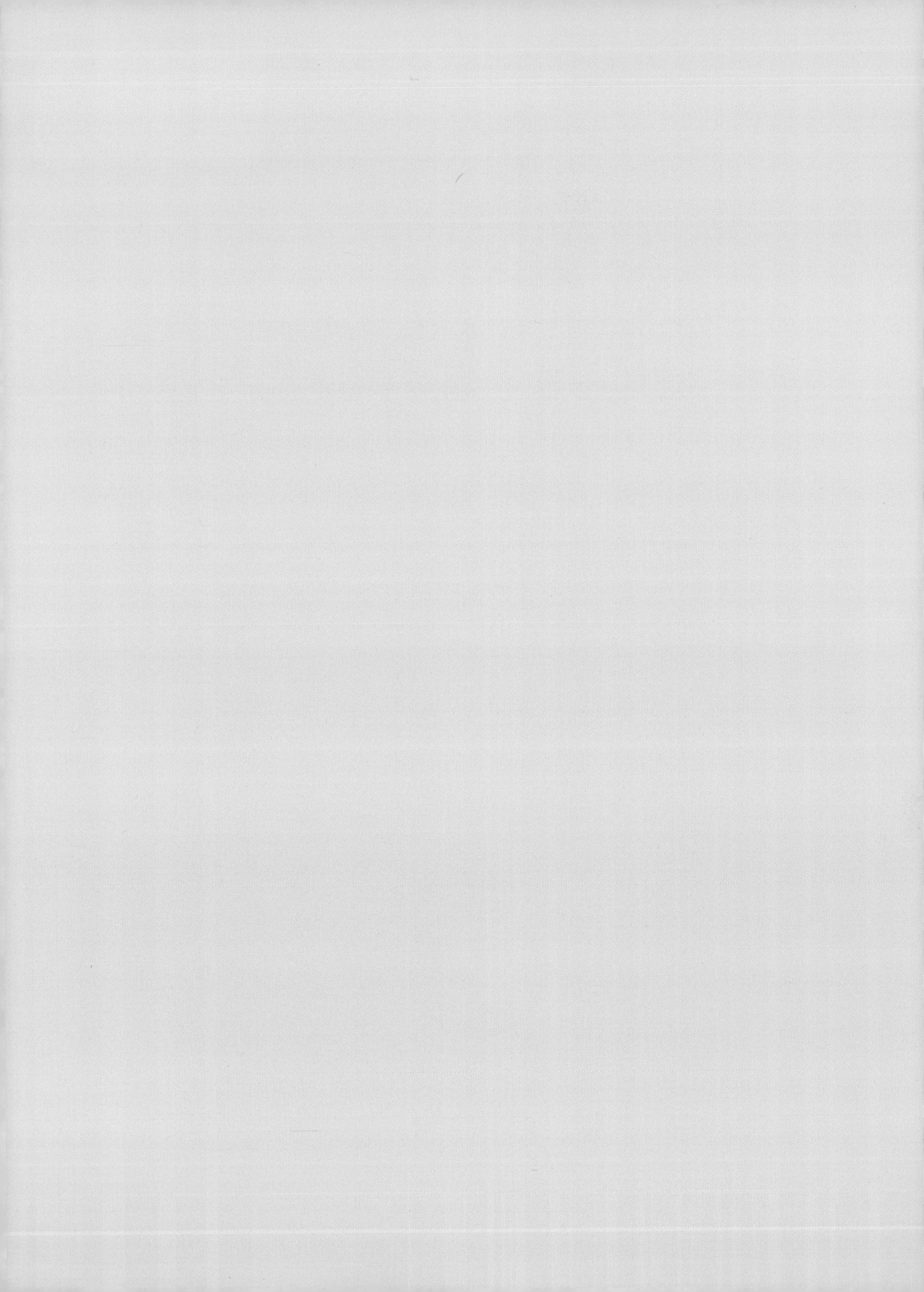

달곰한 SENTENCE WRITING

영어 문해력을 키우기 위해 기획된 첫 번째 달곰한 LITERACY Reading에 이어 두 번째 시리즈로 Sentence Writing를 선보입니다. 이 교재는 어려운 문법 중심이 아니라, 문장의 뼈대를 따라 자연스럽게 확장되는 문장 쓰기 과정에 초점을 맞추었습니다. 처음 영어를 접하는 아이들에게는 생소한 문법 용어보다는 영어의 어순에 먼저 익숙해지게 하는 것이 쓰기 학습에 효과적이기 때문입니다.

이 시리즈는 총 6권으로 구성되어 있으며 **LEVEL 1~3은 초등 교육과정의 기본문과 의문문, LEVEL 4~6은 중학교 과정의 복문(문장과 문장이 이어진 문장)까지 확장하여 쓸 수 있도록 단계적으로 설계했습니다.** 아이의 수준에 따라 중간부터 시작하셔도 되지만, **기본문부터 실력을 차근차근 쌓을 수 있도록 LEVEL 1부터 시작하시는 것을 권합니다.**

단계	학습 목표	문법 항목 기준
LEVEL ❶	'누가+무엇을 하다'의 기본 문장을 정확하게 만들 수 있다.	1~3문형
LEVEL ❷	기본 문장에 '어떻게' '어디에서' '언제' 등의 말을 붙여 문장을 확장할 수 있다.	2~5문형과 기타 문장
LEVEL ❸	다양한 질문을 만들고 질문에 대답할 수 있다.	의문문
LEVEL ❹	구체적인 시간과 뉘앙스를 살려 상황에 딱 맞는 문장을 만들 수 있다.	시제, 조동사, 수동태
LEVEL ❺	동사를 명사, 형용사, 부사처럼 변신시켜 긴 문장을 만들 수 있다.	준동사
LEVEL ❻	이어주는 말을 사용해 문장과 문장을 자연스럽게 연결할 수 있다.	접속사, 관계대명사

쓰기는 미룰수록 더 어려워집니다. **중학교 수행평가와 서술형이 우리 아이들의 당면 과제가 되기 전에, 쉬운 문장부터 시작하는 문장 중심 커리큘럼으로 영어 쓰기의 기초를 다져 보세요.** 이 교재가 아이의 영어 쓰기에 대한 부담을 덜고 '가능성'을 열어 주는 시작이 될 것입니다.

목차

구성 및 활용법

LEARN

❶ Title Sentence

각 레벨의 유닛 제목 문장은 익숙한 스토리에 기반하였습니다.
LEVEL 2는 <헨젤과 그레텔>을 소개하고 있습니다.

❷ 목표 문장 확인

핵심 문장 구조에 대한 설명을 읽으며 개념을 익히세요. QR코드를 통해 짧은 강의도 볼 수 있어요.

❸ Word Bank

주제별로 제시된 어휘를 이미지와 맞춰보며 의미를 점검하세요. 모르는 단어가 많다면 교재 뒷부분의 어휘 리스트를 먼저 학습한 뒤, 문제를 풀어보세요.

BUILD

❹ STEP 1: 문장 익히기

문장 성분별로 나눠진 블록을 보며 우리말을 영어로 써 보세요.
블록을 따라가며 쓰면 자연스럽게 문장을 완성할 수 있습니다.

❺ STEP 2: 문장 만들기

이제 한 단계 확장하여 스스로 완전한 문장을 만들어 볼 차례입니다.
어려운 어휘는 Word Bank에 제시되어 있으니 참고하며 스스로 써 보세요.

STRETCH

❻ STEP 3: 문장 확장하기

기본 문장 구조를 익혔다면, 이제 문장을 변형하고 확장할 차례입니다.
문장 변형에 필요한 짤막한 문법 지식을 읽고 문장에 적용해 보세요.

❼ 서술형

맥락 속에서 제시된 짧은 실용문을 읽으며 서술형 문제에 대비하세요.

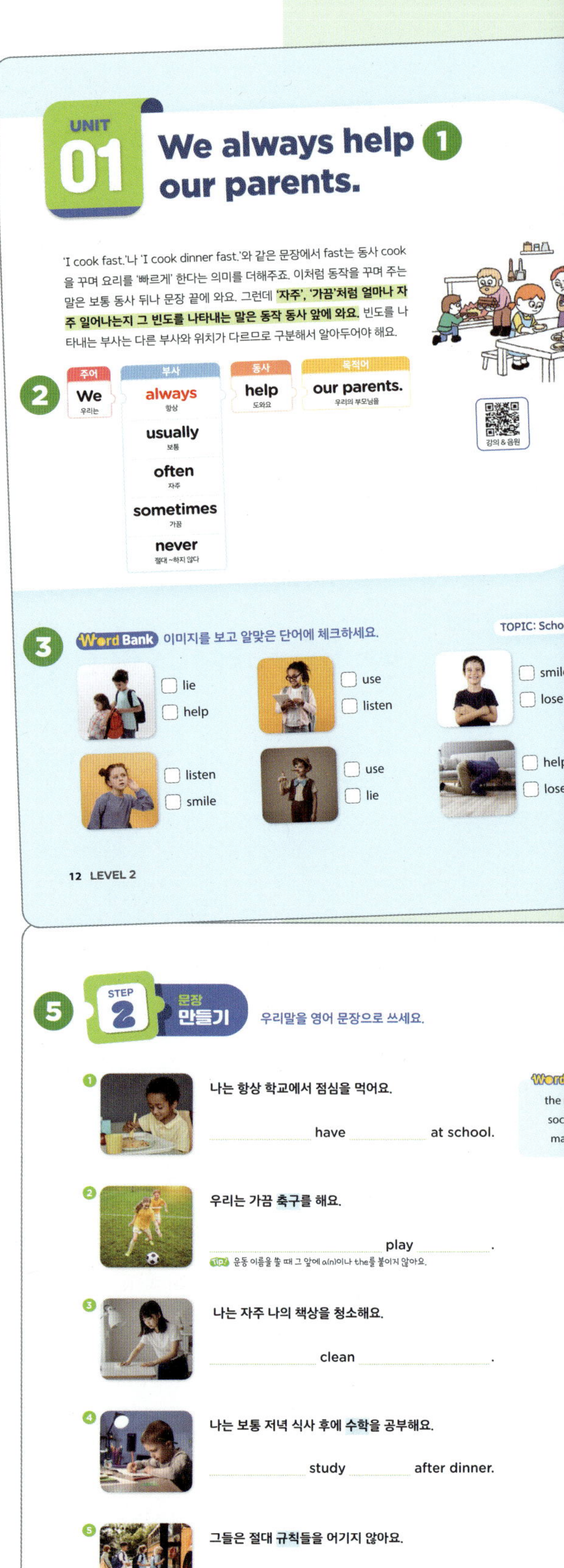

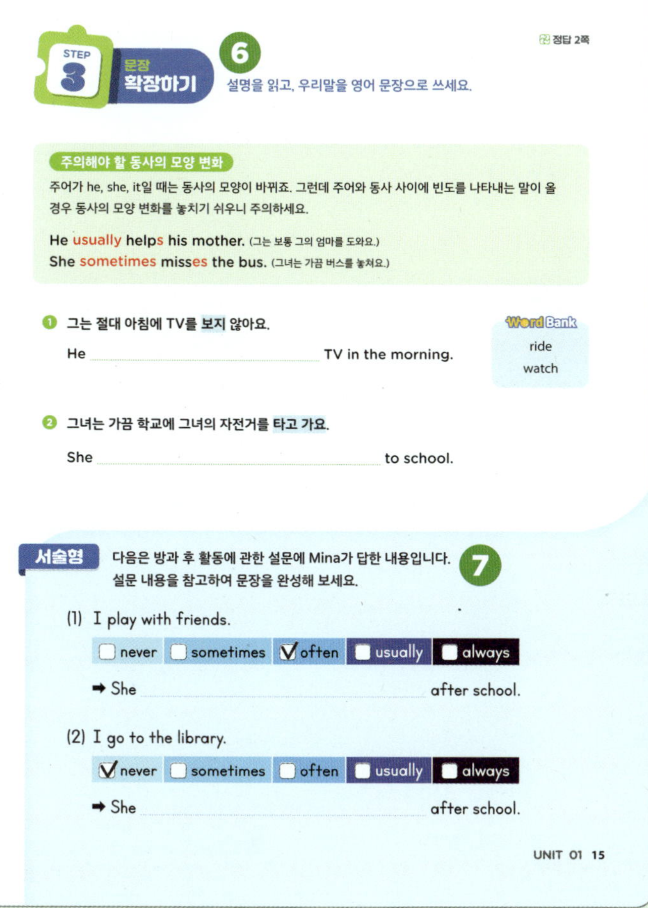

수행평가 Preview

간단한 유형의 중학교 수행평가 과제를 작성해 보며 수행평가를 미리 준비할 수 있어요.

누적 테스트

앞서 배운 문장 구조와 어휘를 누적해서 점검할 수 있도록 누적 테스트를 추가로 제공합니다.

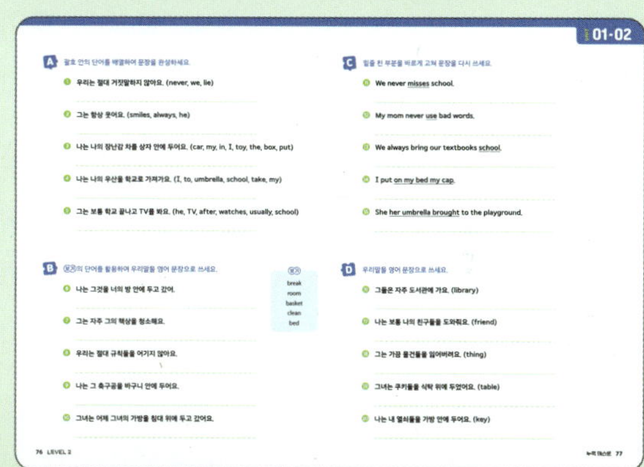

어휘 리스트

Word Bank의 어휘를 모아서 확인할 수 있어요.

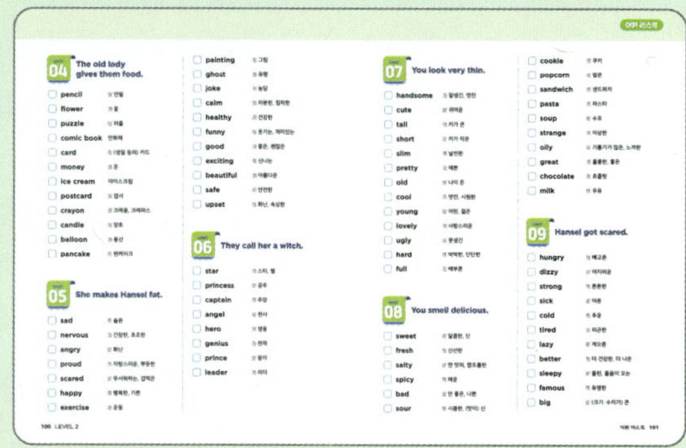

전권 커리큘럼

LEVEL ❶~❸은 초등 교육과정에 기반한 기본 문장 구조를 다루고 있습니다. 이 커리큘럼은 선생님과 학부모님들의 이해를 돕기 위해 문법 용어를 중심으로 정리한 것이며, 아이들에게 문법 개념을 직접 인식시킬 필요는 없습니다.

LEVEL ❶

UNIT 01	주어 + 동작 동사
UNIT 02	주어 + 동작 동사 + 목적어
UNIT 03	주어 + 동작 동사 + (목적어) +부사
UNIT 04	주어 + be동사 + 보어 (명사)
UNIT 05	주어 + be동사 + 보어 (형용사)
UNIT 06	주어 + be동사 + 부사구 (장소)
UNIT 07	주어 + 동작 동사 + 부사구 (시간)
UNIT 08	주어 + 동작 동사 + 부사구 (장소)
UNIT 09	주어 + 동작 동사 + 부사구 (장소) + 부사구 (방법)
UNIT 10	대명사 it/they
UNIT 11	지시대명사 this/that
UNIT 12	지시형용사 this/that

LEVEL ❷

UNIT 01	주어 + 빈도 부사 + 동작 동사 (+ 목적어)
UNIT 02	주어 + 동작 동사 + 목적어 + 부사구 (장소)
UNIT 03	주어 + 동작 동사 + 목적어 + 부사구 (장소) + 부사구 (시간)
UNIT 04	주어 + 동작 동사 + 사람 목적어 + 사물 목적어
UNIT 05	주어 + 동작 동사 + 목적어 + 보어 (형용사)
UNIT 06	주어 + 동작 동사 + 목적어 + 보어 (명사)
UNIT 07	주어 + look + 보어 (형용사)
UNIT 08	주어 + smell[taste] + 보어 (형용사)
UNIT 09	주어 + get + 보어 (형용사)
UNIT 10	It + be동사+ 날씨 관련 형용사
UNIT 11	There + be동사 + 명사 + 부사구 (장소)
UNIT 12	동작 동사 + 목적어

LEVEL ❸

UNIT 01	be동사 의문문
UNIT 02	do동사 의문문
UNIT 03	did동사 의문문
UNIT 04	<What + be동사> 의문문
UNIT 05	<Who + be동사> 의문문
UNIT 06	<What/Who + do동사> 의문문
UNIT 07	<Where + be동사> 의문문
UNIT 08	<When + be동사> 의문문
UNIT 09	<Where/When + do동사> 의문문
UNIT 10	<How + be동사> 의문문
UNIT 11	<How + do동사> 의문문
UNIT 12	<Why + be/do동사> 의문문

LEVEL **4**~**6**은 중등 교육과정에 기반해 시제부터 시작해 준동사의 활용, 문장과 문장을 연결하는 복문까지 다루고 있습니다. 문법서에서 관련 내용을 참고하실 수 있도록 문법 용어 중심으로 정리하였습니다.

UNIT 00

Review

- LEVEL 1에서 배운 문장 구조입니다. 예문을 보고 해당하는 문장 구조에 번호를 쓰세요.

① I play.
② I play loudly.
③ I play the violin.
④ I play the violin loudly.
⑤ He plays at the park.
⑥ He plays after school.
⑦ He goes to the café by car.

1 주어 | 동사 ( )

2 주어 | 동사 | 목적어 ( )

3 주어 | 동사 | 부사 ( )

4 주어 | 동사 | 목적어 | 부사 ( )

5 주어 | 동사 | 부사구 (시간) ( )

6 주어 | 동사 | 부사구 (장소) ( )

7 주어 | 동사 | 부사구 (장소) | 부사구 (방법) ( )

● 예문을 보고 해당하는 문장 구조에 번호를 쓰세요.

⑧ It is a soccer ball. ⑪ She is my mother.
⑨ This is pasta. ⑫ This bat is new.
⑩ He is quiet. ⑬ They are in the room.

8 주어 ▸ be동사 ▸ 보어 (명사) ( )

9 주어 ▸ be동사 ▸ 보어 (형용사) ( )

10 주어 ▸ be동사 ▸ 부사구 (장소) ( )

11 It ▸ be동사 ▸ 보어 (명사) ( )

12 This ▸ be동사 ▸ 보어 (명사) ( )

13 This + 명사 ▸ be동사 ▸ 보어 (형용사) ( )

정답 **1** ① **2** ③ **3** ② **4** ④ **5** ⑥ **6** ⑤ **7** ⑦
8 ⑪ **9** ⑩ **10** ⑬ **11** ⑧ **12** ⑨ **13** ⑫

영어 문장 쓰기,
함께 시작해보자!

1

동작 동사의 확장 ❶

문장의 기본 뼈대는 <주어 + 동사>예요. 동작 동사의 경우, 그 동작이 향하는 '대상(무엇을)'인 목적어가 동사 뒤에 따라오는 경우가 많아요. 또한, 동사를 꾸며주는 부사나 시간·장소·방법을 나타내는 표현이 더해지면 문장이 점점 길어지고 복잡해져요. 이제부터는 <주어 + 동사 + 목적어>의 기본 문장이 어떻게 길어지는지 알아 볼게요.

01 We always help our parents.

'I cook fast.'나 'I cook dinner fast.'와 같은 문장에서 fast는 동사 cook을 꾸며 요리를 '빠르게' 한다는 의미를 더해주죠. 이처럼 동작을 꾸며 주는 말은 보통 동사 뒤나 문장 끝에 와요. 그런데 **'자주', '가끔'처럼 얼마나 자주 일어나는지 그 빈도를 나타내는 말은 동작 동사 앞에 와요.** 빈도를 나타내는 부사는 다른 부사와 위치가 다르므로 구분해서 알아두어야 해요.

주어	부사	동사	목적어
We 우리는	**always** 항상 **usually** 보통 **often** 자주 **sometimes** 가끔 **never** 절대 ~하지 않다	**help** 도와요	**our parents.** 우리의 부모님을

강의 & 음원

Word Bank 이미지를 보고 알맞은 단어에 체크하세요.

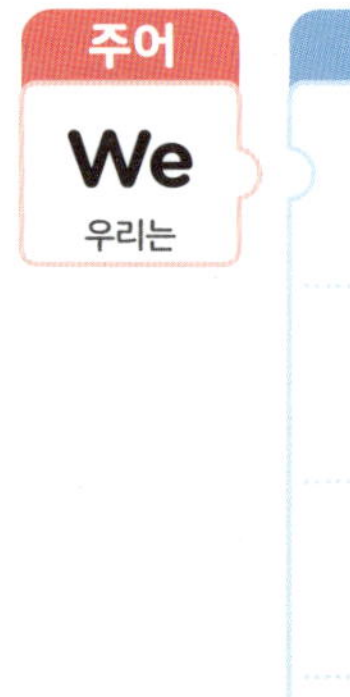

- [ ] lie
- [ ] help

- [ ] use
- [ ] listen

- [ ] smile
- [ ] lose

- [ ] listen
- [ ] smile

- [ ] use
- [ ] lie

- [ ] help
- [ ] lose

우리말을 보고 영어 문장을 완성하세요.

주어	부사	동사

1. [ ] [ ] [ ] .
   나는 / 보통 / 들어요

2. [ ] [ ] [ ] .
   나는 / 항상 / 웃어요

3. [ ] [ ] [ ] .
   나는 / 절대 ~하지 않다 / 거짓말해요

주어	부사	동사	목적어

회색으로 표시된 부분은 따라 쓰며 문장을 완성하세요.

4. [ ] [ ] [ ] [bad words] .
   우리는 / 절대 ~하지 않다 / 사용해요 / 나쁜 말을

5. [ ] [ ] [ ] [things] .
   너는 / 가끔 / 잃어버려 / 물건들을

6. [ ] [ ] [ ] [ ] .
   그들은 / 자주 / 도와줘요 / 그들의 친구들을

Tip!
'그들의'는 their로 써요.

우리말을 영어 문장으로 쓰세요.

1 나는 항상 학교에서 점심을 먹어요.

_______________ have _______________ at school.

2 우리는 가끔 **축구**를 해요.

_______________ play _______________ .

Tip! 운동 이름을 쓸 때 그 앞에 a(n)이나 the를 붙이지 않아요.

3 나는 자주 나의 책상을 청소해요.

_______________ clean _______________ .

4 나는 보통 저녁 식사 후에 **수학**을 공부해요.

_______________ study _______________ after dinner.

5 그들은 절대 **규칙들**을 어기지 않아요.

_______________ break _______________ .

6 그들은 절대 학교를 빠지지 않아요.

_______________ miss _______________ .

Tip! school(학교)을 '공부'를 하는 본래 목적으로 쓸 때는 the를 붙이지 않아요.

STEP 3 문장 확장하기

설명을 읽고, 우리말을 영어 문장으로 쓰세요.

주의해야 할 동사의 모양 변화

주어가 he, she, it일 때는 동사의 모양이 바뀌죠. 그런데 주어와 동사 사이에 빈도를 나타내는 말이 올 경우 동사의 모양 변화를 놓치기 쉬우니 주의하세요.

He **usually** help**s** his mother. (그는 보통 그의 엄마를 도와요.)
She **sometimes** miss**es** the bus. (그녀는 가끔 버스를 놓쳐요.)

1 그는 절대 아침에 TV를 보지 않아요.

He ___________________________ TV in the morning.

Word Bank
ride
watch

2 그녀는 가끔 학교에 그녀의 자전거를 타고 가요.

She ___________________________ to school.

서술형

다음은 방과 후 활동에 관한 설문에 Mina가 답한 내용입니다.
설문 내용을 참고하여 문장을 완성해 보세요.

(1) I play with friends.

| ☐ never | ☐ sometimes | ☑ often | ☐ usually | ☐ always |

➡ She ___________________________ after school.

(2) I go to the library.

| ☑ never | ☐ sometimes | ☐ often | ☐ usually | ☐ always |

➡ She ___________________________ after school.

UNIT 02

They left us in the forest.

<주어＋동사＋목적어> 뒤에는 기본 문장에 의미를 더해 주는 다양한 장소 표현이 올 수 있어요. **특히, '무엇을 어디에 두거나 어디로 가져가다'는 뜻의 동작 동사들이 장소 표현과 함께 자주 쓰여요.** 대표적인 동사들은 put(두다), leave(두고 가다), take(가져가다), bring(가져오다)이에요.

주어	동사	목적어	부사구 (장소)
They 그들은	**left** 두고 갔어요	**us** 우리를	**in the forest.** 숲속에

주어	동사	목적어	부사구 (장소)
They 그들은	**took** 데려갔어요	**us** 우리를	**to the forest.** 숲으로

강의＆음원

Word Bank 이미지를 보고 알맞은 단어에 체크하세요.

- ☐ shelf
- ☐ box

- ☐ desk
- ☐ bag

- ☐ bed
- ☐ basket

- ☐ box
- ☐ desk

- ☐ bed
- ☐ shelf

- ☐ basket
- ☐ bag

우리말을 보고 영어 문장을 완성하세요.
필요할 경우 동사의 모양을 바꾸세요.

주어	동사	목적어	부사구 (장소)

1 | | | my teddy bear | |
나는 / 두어요 / 나의 곰 인형을 / 침대 위에

Tip! 위치를 나타내는 대표적인 말은 in(~안에), on(~위에)이 있어요.

2 | | | my blocks | |
나는 / 두어요 / 나의 블록들을 / 바구니 안에

Tip! 위치는 서로 아는 장소를 말할 때가 많으므로 the와 함께 써요.

3 | | | his toy car | |
그는 / 두어요 / 그의 장난감 차를 / 가방 안에

4 | | | the robot | |
그는 / 두고 가요 / 그 로봇을 / 책상 위에

5 | | | the soccer ball | |
그녀는 / 두고 가요 / 그 축구공을 / 상자 안에

6 | | | the board games | |
그녀는 / 두고 갔어요 / 그 보드게임들을 / 선반 위에

Tip! 이미 지나간 일을 나타낼 때 동사 leave는 left로 바꿔 써요.

STEP 2 문장 만들기

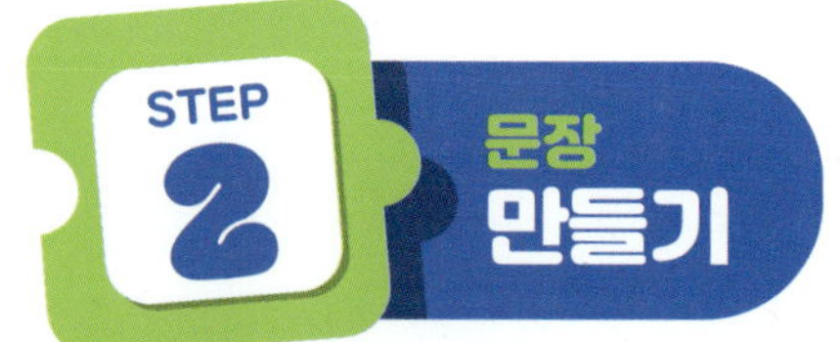

우리말을 영어 문장으로 쓰세요.
필요할 경우 동사의 모양을 바꾸세요.

Word Bank
the table
the vase

1 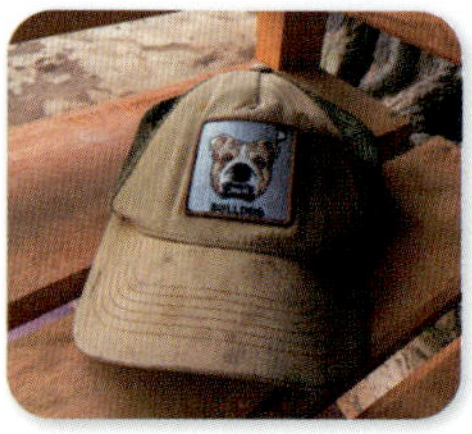

나는 나의 모자를 의자 위에 두어요.

__________ my cap __________.

2 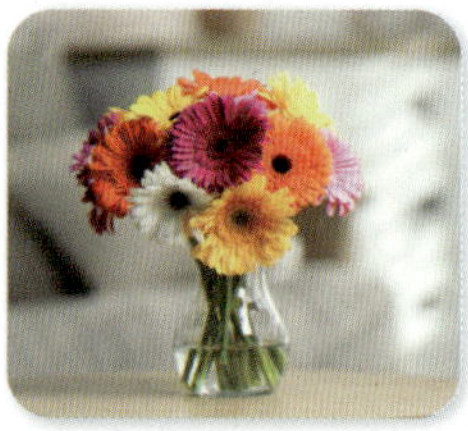

우리는 꽃들을 꽃병 안에 두어요.

__________ flowers __________.

3 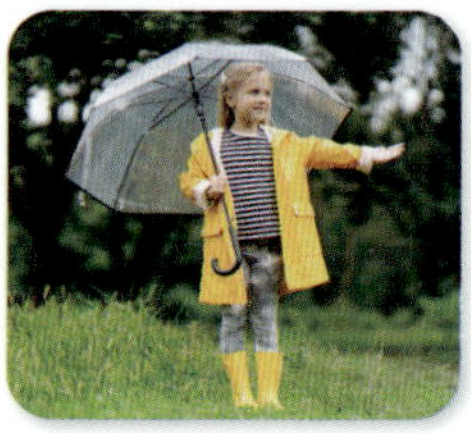

그녀는 그녀의 우산을 공원으로 가져가요.

__________ her umbrella __________.

Tip! take는 '(멀리) 가져가다, 데려가다'의 뜻으로 이동의 방향을 나타내는 to(~로)와 함께 자주 쓰여요.

4 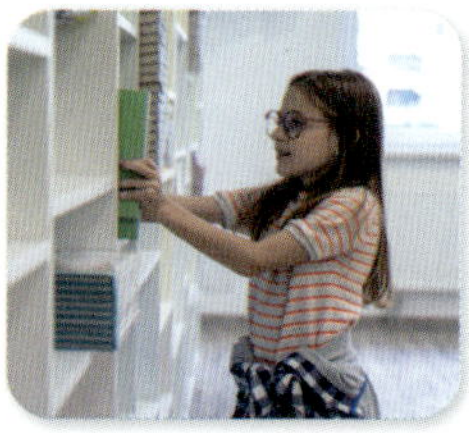

나는 나의 책들을 선반 위에 두어요.

__________ my books __________.

Tip! shelf는 물건을 올려두는 평평한 면, 즉 '선반'을 의미하므로 on을 써요.

5 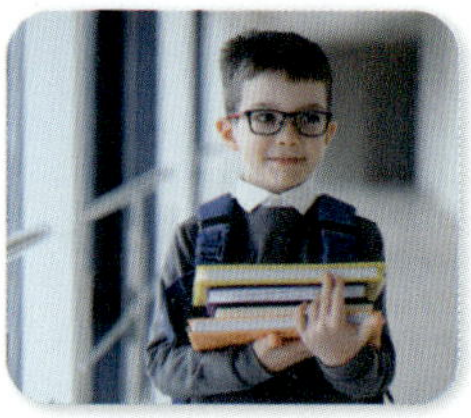

그는 항상 그의 교과서들을 학교로 가져와요.

__________ his textbooks __________.

Tip! bring은 '(말하는 사람 쪽으로 가까이) 가져오다, 데려오다'라는 의미로 to(~로)와 함께 자주 쓰여요.

6 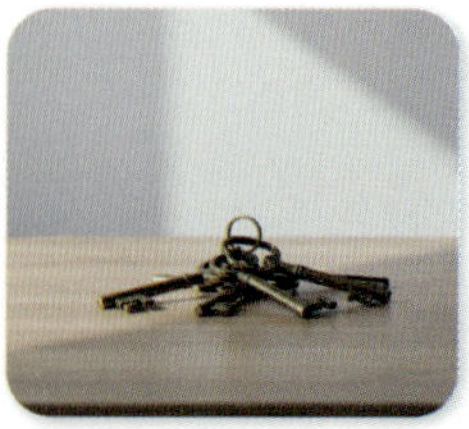

나는 나의 열쇠들을 식탁 위에 두고 갔어요.

__________ my keys __________.

STEP 3 문장 **확장하기**   설명을 읽고, 우리말을 영어 문장으로 쓰세요.

이미 지나간 일 표현하기 1

이미 지나간 일을 나타낼 때는 보통 동사 끝에 -ed를 붙여요. 그런데 이 규칙을 따르지 않고 전혀 다른 모양으로 변하는 동사들도 많아요. 어떤 주어가 와도 지난 일을 나타내는 동사의 형태는 항상 동일해요.

* **leave - left**(두고 갔다)　　* **put - put**(두었다)　　* **lose - lost**(잃어버렸다)
* **take - took**(가져갔다)　　* **bring - brought**(가져왔다)　　* **do - did**(했다)

1 나는 어제 나의 가방을 버스에 두고 갔어요.

I ___________________________ on the bus yesterday.

2 나의 엄마는 쿠키들을 식탁 위에 두었어요.

My mom ___________________________ .

3 그녀가 그녀의 공을 운동장으로 가져왔어요.

___________________________ to the playground.

서술형   우리말을 보고, Anna와 엄마가 곰 인형을 찾고 있는 대화를 완성해 보세요.

Anna:　　Mom, I can't find my teddy bear.

Mother: ___________________________ yesterday.
(내가 어제 그것을 너의 방 안에 두고 갔어.)

Anna:　　I know. ___________________________ this morning.
(제가 오늘 아침에 그것을 제 침대 위에 두었어요.)

But now it's not there.

Mother: Really? Let's find it together.

We saw the house in the forest at night.

<주어 + 동사 + 목적어> 뒤에 시간 표현과 장소 표현이 동시에 오면 문장이 길어져요. 우리말은 이런 더해지는 표현의 위치가 비교적 자유롭지만, 영어에서는 순서가 정해져 있어요. **보통 장소를 먼저 쓰고 그 다음에 시간 표현을 써요.**

주어	동사	목적어	부사구 (장소)
We 우리는	**saw** 보았어요	**the house** 그 집을	**in the forest.** 숲속에서

주어	동사	목적어	부사구 (장소)	부사구 (시간)
We 우리는	**saw** 보았어요	**the house** 그 집을	**in the forest** 숲속에서	**at night.** 밤에

강의 & 음원

W⊙rd Bank 이미지를 보고 알맞은 단어에 체크하세요.

TOPIC: My Daily Life

- [ ] lunch
- [ ] teeth

- [ ] hair
- [ ] snack

- [ ] breakfast
- [ ] homework

- [ ] homework
- [ ] snack

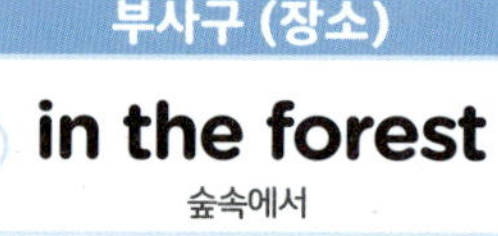
- [ ] teeth
- [ ] breakfast

- [ ] hair
- [ ] lunch

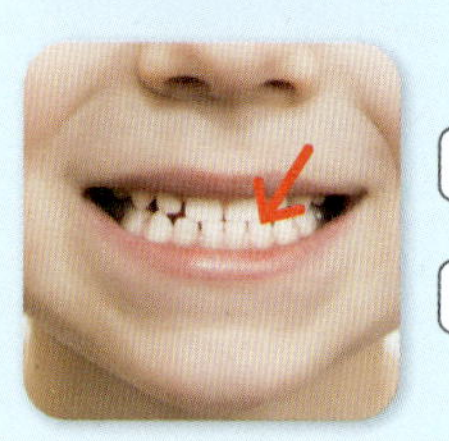

우리말을 보고 영어 문장을 완성하세요.
필요할 경우 동사의 모양을 바꾸세요.

주어 동사	목적어	부사구 (장소)	부사구 (시간)

1

		at home	
나는 먹어요	아침을	집에서	아침에

Tip! 식사 앞에는 the를 붙이지 않아요.

2

		in my room	
나는 해요	나의 숙제를	나의 방에서	저녁에

Tip! '나의 숙제를 하다'는 'do my homework'로 써요.

3

		at school	
그는 먹어요	점심을	학교에서	낮 12시에

4

		at the park	
그는 먹어요	간식들을	공원에서	학교 끝나고

5

		in the bathroom	
그녀는 닦아요	그녀의 치아를	욕실에서	저녁 식사 후에

Tip! '(치아를) 닦다', '(머리를) 빗질하다'는 둘 다 동사 brush를 써요.

6

		in her bedroom	
그녀는 빗질해요	그녀의 머리를	그녀의 침실에서	자기 전에

Tip! '자기 전에'는 before bed로 표현해요.

우리말을 영어 문장으로 쓰세요.
필요할 경우 동사의 모양을 바꾸세요.

Word Bank

on weekends
on Sundays
on Saturday

●●●

play games
play basketball
take a shower
buy bread
write stories
study

1

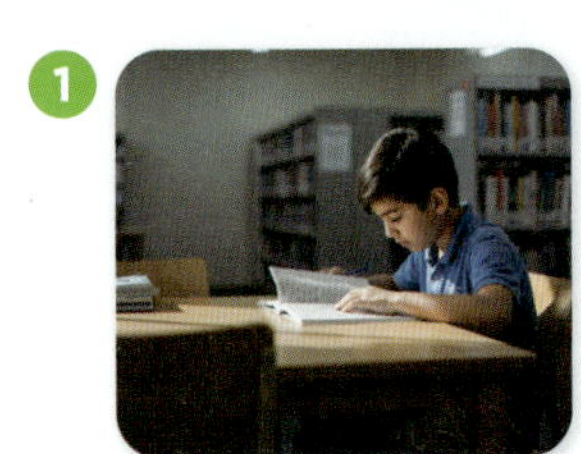

나는 **토요일에** 도서관에서 **공부해요**.

__________ in the library __________ .

2

나는 **주말마다** 빵집에서 **빵을 사요**.

__________ at the bakery __________ .

3

그들은 저녁에 체육관에서 **농구를 했어요**.

__________ in the gym __________ .

4

그녀는 **일요일마다** 그녀의 방에서 **이야기를 써요**.

__________ in her room __________ .

5

그는 저녁 식사 전에 욕실에서 **샤워를 했어요**.

__________ in the bathroom __________ .

6

그는 오후에 거실에서 **게임을 했어요**.

__________ in the living room __________ .

STEP 3 문장 **확장하기**

설명을 읽고, 우리말을 영어 문장으로 쓰세요.

이미 지나간 일 표현하기 2

동작 동사의 과거형 모양은 보통 동사 끝에 -ed를 붙여 만들어요. 그런데 동사의 마지막 철자에 따라 조금 다르게 바뀌기도 해요.

1. -e로 끝나는 동사	like → liked	use → used
2. '자음+y'로 끝나는 동사	cry → cried	study → studied
3. '모음 1개+자음 1개'로 끝나는 동사	plan → planned	jog → jogged

1 나는 어제 도서관에서 컴퓨터를 사용했어요.

I ________________ a computer in the library yesterday.

2 나는 학교 끝나고 집에서 영어를 공부했어요.

I ________________ English at home ________________ .

3 우리는 아침에 공원에서 조깅했어요.

____

서술형 우리말을 보고, 괄호 안의 단어를 사용하여 일기를 완성해 보세요.

Dear Diary,

________________ at the museum yesterday. *(watch, show)*

(나는 어제 박물관에서 로봇 쇼를 봤어요.)

________________ to my friends today. *(show, picture)*

(나는 오늘 나의 친구들에게 내 로봇 사진들을 보여줬어요.)

It was really fun!

My Summer Vacation

 수행평가 과제를 확인해 보세요.

주제	평소 여름휴가 보내는 방법 말하기
내용	✔ 여름휴가 장소와 이동 방법 포함하기 ✔ 여름휴가 때 하는 활동 두 가지 이상 포함하기
조건	✔ 장소 표현과 시간 표현 중 하나를 쓰기 ✔ 동작의 빈도를 나타내는 표현 하나를 쓰기

 다음 글을 소리 내어 읽으며 따라 써 보세요.

My family often goes to the beach **in summer.**

We usually go there by car.

We swim in the sea in the afternoon.

We also eat delicious dinners at nice restaurants.

I love summer vacation.

W⊘rd Bank

☐ **beach** 바닷가, 해변 ☐ **delicious** 맛있는 ☐ **restaurant** 식당

정답 14쪽

내 답변 아래 표현들을 활용해 내 답변을 완성해 보세요.

My family ________________________ in summer.

We usually ________________________

We ________________________

We also ________________________

I love summer vacation.

Word Bank

- go camping 캠핑하러 가다
- take many pictures 많은 사진들을 찍다
- watch the sunset 노을을 보다
- look at the stars 별을 보다
- go fishing 낚시하러 가다
- catch fish 물고기를 잡다
- make a campfire 모닥불을 피우다
- visit a nice café 멋진 카페를 방문하다

Checklist 내가 쓴 글을 보며 과제를 잘 했는지 평가해 보세요.

평가 요소		
1. 여름휴가 장소와 이동 방법을 포함했나요?	Yes	No
2. 휴가지에서의 활동을 두 가지 이상 포함했나요?	Yes	No
3. 장소 표현이나 시간 표현을 썼나요?	Yes	No
4. 동작의 빈도를 나타내는 표현을 썼나요?	Yes	No

Who am I?

- 앞에서 배운 단어의 뜻을 보고 빈칸을 완성해 보세요.
  그리고 각 색깔 박스의 철자를 순서대로 연결해 마지막 퀴즈의 정답을 맞혀 보세요.

①	선반	s	☐	e	l	☐				
②	아침 식사	b	☐	e	☐	k	f	a	☐	t
③	듣다	☐	☐	s	t	☐	n			
④	사용하다	☐	s	☐						
⑤	간식	s	☐	☐	c	☐				
⑥	책상	☐	e	s	☐					

Quiz

I laugh with you.

I eat with you.

I play with you.

I share secrets with you!

Who am I?

Answer

You are my ☐☐☐☐☐☐!

정답: friend

2

동작 동사의 확장 ❷

She gives me.... [그녀는 나에게 준다 → 무엇을?]
My dog makes me.... [나의 강아지는 나를 만든다 → 어떻게?]

위 문장들은 <주어 + 동사 + 목적어>의 기본 문장 구조를 가지고 있지만 뭔가 부족하게 느껴지죠? 이렇게 목적어 뒤에 무언가 더해지지 않으면 문장의 내용이 충분하지 않을 때가 있어요. 이번에는 문장을 완전하게 만들어 주는 필수 요소들에 대해 배워볼 거예요.

보통 동작의 대상이 되는 목적어는 한 개가 오는 경우가 많지만, **어떤 동사들은 두 개의 목적어를 써야 뜻이 완전해져요. 이런 동사들은 '~에게 …을 해주다'라는 의미를 가지고 있어요.** 이때 사람 목적어가 먼저 오고, 그다음에 사물 목적어가 오도록 그 순서에 주의해야 해요.

주어	동사	목적어 (사람)	목적어 (사물)
The old lady 그 나이 든 아주머니가	**gives** 줘요	**them** 그들에게	**food.** 음식을
	buys (~에게 …을) 사주다		
	makes (~에게 …을) 만들어 주다		
	sends (~에게 …을) 보내 주다		

강의 & 음원

Word Bank 이미지를 보고 알맞은 단어에 체크하세요.

TOPIC: Birthday Gifts

☐ pencil
☐ card

☐ money
☐ flower

☐ puzzle
☐ comic book

☐ flower
☐ comic book

☐ card
☐ puzzle

☐ pencil
☐ money

우리말을 보고 영어 문장을 완성하세요.
필요할 경우 동사의 모양을 바꾸세요.

주어	동사	목적어 (사람)	목적어 (사물)

1 | | | | .
나의 엄마는 / 사줘요 / 나에게 / 퍼즐들을

2 | | | | .
나의 아빠는 / 사줘요 / 나에게 / 만화책들을

3 | | | | .
나의 언니는 / 줘요 / 나에게 / 꽃들을

4 | | | | .
나의 오빠는 / 주었어요 / 나에게 / 연필들을

5 | | | | .
나의 할머니는 / 만들어 주었어요 / 나에게 / 카드들을

6 | | | | .
나의 할아버지는 / 보내 주었어요 / 나에게 / 돈을

Tip!
이미 지나간 일을 나타낼 때 전혀 다른 모양으로 변하는 동사들이 있어요.
* give – gave
* make – made
* send – sent

Tip!
돈은 셀 수 없는 명사로 뒤에 –s를 붙이지 않아요.

우리말을 영어 문장으로 쓰세요.
필요할 경우 동사의 모양을 바꾸세요.

1 

그녀는 나에게 **크레용들**을 사주었어요.

Tip! 이미 지나간 일을 나타낼 때 buy는 bought로 나타내요.

2

그는 나에게 **아이스크림**을 사주었어요.

Tip! ice cream은 셀 수 없는 명사로 앞에 an을 붙이지 않아요.

3 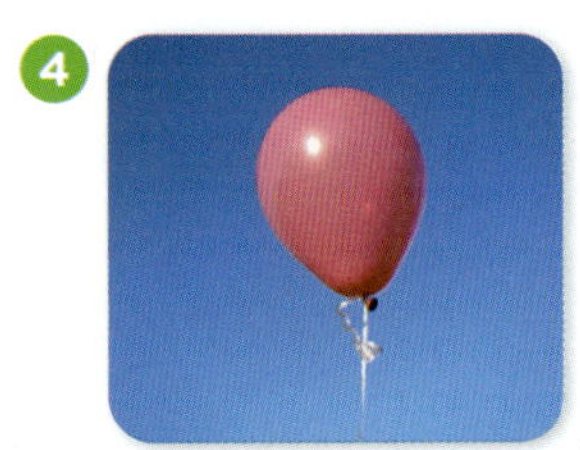

나의 이모는 나에게 **양초**를 주었어요.

4 

나의 삼촌은 나에게 **풍선**을 주었어요.

5 

나의 친구는 나에게 **엽서들**을 보내 줘요.

6 

나의 오빠는 나에게 **팬케이크**를 만들어 줘요.

설명을 읽고, 같은 뜻이 되도록 문장을 완성하세요.

사람·사물 목적어의 순서가 바뀌는 경우

'~에게 …을 해주다'라고 표현할 때 보통 목적어는 <사람 + 사물>의 순서로 와요. 그런데 사물이 사람보다 먼저 올 수도 있어요. **사물이 먼저 올 때는 사람 앞에 '~에게(to), ~을 위해(for)' 등의 말이 붙어야 해요.**

She makes me breakfast. (그녀는 나에게 아침을 만들어 줘요.)
→ She makes breakfast for me. (그녀는 나를 위해 아침을 만들어 줘요.)

❶ They sent their grandmother a letter.

→ They sent ________________ to ________________ .

❷ He often teaches me chess.

→ He often teaches ________________ to ________________ .

❸ She makes her friend cookies.

→ She makes ________________ for ________________ .

우리말을 보고, 보기의 단어를 사용하여 선생님을 소개하는 글을 완성해 보세요.

보기

| helpful | teach | tips | math |

This is my teacher, Ms. Smith.

____

(그녀는 나에게 수학을 가르쳐 줘요.)

____

(그녀는 나에게 도움이 되는 조언들을 줘요.)

She is my favorite teacher!

05 She makes Hansel fat.

<주어 + 동사 + 목적어>의 기본 문장 뒤에 형용사가 더해지는 경우가 있어요. 이때 형용사는 목적어의 상태를 설명해 주는 말로 '보어'라고 해요. 보어가 없으면 문장의 뜻이 완전하지 않게 돼요. 이처럼 목적어와 형용사를 함께 쓰는 동사는 정해져 있으니, 자주 쓰이는 동사를 외워 두어야 해요.

주어	동사	목적어	보어 (형용사)
She 그녀는	**makes** 만들어요	**Hansel** 헨젤을	**fat.** 뚱뚱한
	keeps (~을 …하게) 유지시키다		
	finds (~이 …하다고) 생각하다		

Word Bank 이미지를 보고 알맞은 단어에 체크하세요.   TOPIC: Feelings

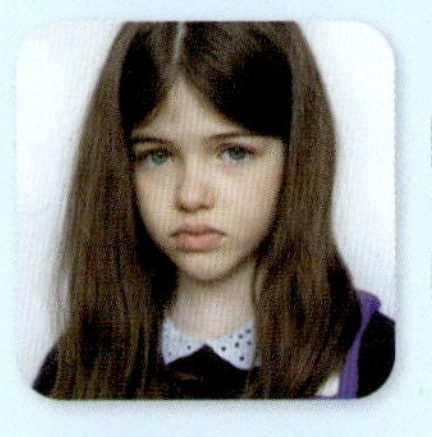
- [ ] happy
- [ ] sad

- [ ] nervous
- [ ] angry

- [ ] angry
- [ ] proud

- [ ] nervous
- [ ] proud

- [ ] sad
- [ ] scared

- [ ] happy
- [ ] scared

우리말을 보고 영어 문장을 완성하세요.
필요할 경우 동사의 모양을 바꾸세요.

주어	동사	목적어	보어 (형용사)

Tip!
주어가 하나를 나타낼 때에는 동사에 -(e)s 를 붙여야 해요.

1 My dog ＿＿＿ ＿＿＿ ＿＿＿ .
나의 강아지는 　만들어요　 　나를　 　행복한

2 Tests ＿＿＿ ＿＿＿ ＿＿＿ .
시험은 　만들어요　 　나를　 　긴장한

3 The medal ＿＿＿ ＿＿＿ ＿＿＿ .
그 메달은 　만들어요　 　나를　 　자랑스러운

4 Loud noises ＿＿＿ ＿＿＿ ＿＿＿ .
시끄러운 소음은 　만들어요　 　나를　 　화난

5 Rainy days ＿＿＿ ＿＿＿ ＿＿＿ .
비 오는 날은 　만들어요　 　나를　 　슬픈

6 Bad dreams ＿＿＿ ＿＿＿ ＿＿＿ .
나쁜 꿈은 　만들어요　 　나를　 　무서워하는

우리말을 영어 문장으로 쓰세요.
필요할 경우 동사의 모양을 바꾸세요.

Word Bank

exercise
painting
ghost
jokes

calm
healthy
funny
good
exciting
beautiful

1 
그 유령은 나를 무섭게 만들었어요.

2 
좋은 책들은 나를 차분하게 유지시켜요.

3 
그 아름다운 그림들은 나를 행복하게 만들었어요.

4 
운동은 나를 건강하게 유지시켜요.

5 
나는 그의 농담이 웃기다고 생각해요.

Tip! find는 '~을 찾다'라는 뜻이기도 하면서, '~이 …하다고 생각하다'의 의미도 있어요.

6 
그녀는 그의 노래가 신난다고 생각했어요.

Tip! 이미 지나간 일을 나타낼 때 동사 find는 found로 바꿔 써요.

설명을 읽고, 우리말을 영어 문장으로 쓰세요.

사람 목적어의 다양한 형태

우리말에서는 '그녀를'처럼 단어 끝에 오는 조사만 바꾸면 목적어가 되지만, 영어는 단어의 형태가 완전히 달라져요. 명사를 대신하는 말(대명사)이 목적어로 쓰일 때의 형태를 따로 기억해 두세요.

주어	I	you	he	she	it	we	they
목적어	me	you	him	her	it	us	them

I often make her angry. (나는 자주 그녀를 화나게 만들어요.)
My kids made me proud. (나의 아이들은 나를 자랑스럽게 만들었어요.)

1 안전모는 우리를 안전하게 지켜줘요.

Helmets keep ________________.

2 그는 그들을 긴장하게 만들어요.

He makes ________________.

3 그의 친구는 그를 화나게 만들었어요.

____

Word Bank
safe
upset

 우리말을 보고, 괄호 안의 단어를 사용하여 요거트 광고를 완성해 보세요.

Eat fresh yogurt!

________________ (healthy)
(그것은 당신을 건강하게 유지시켜요.)

________________ (strong)
(그것은 당신을 튼튼하게 만들어 줘요.)

UNIT 06
They call her a witch.

어떤 동사는 목적어 뒤에 명사를 하나 더 붙일 수 있어요. 목적어 뒤에 오는 명사는 그 앞에 쓰인 목적어가 누구인지, 또는 무엇인지를 알려줘요. 겉으로 보기에 목적어가 두 개처럼 보이나, 사실 두 번째 명사는 앞에 있는 목적어를 설명해 주는 보어예요. 이렇게 쓰이는 동사들은 정해져 있으니 암기해 두면 편해요.

주어	동사	목적어	보어 (명사)
They 그들은	**call** 불러요	**her** 그녀를	**a witch.** 마녀라고
	name (~을 …로) 이름 짓다		
	make (~을 …로) 만들다		

강의 & 음원

Word Bank 이미지를 보고 알맞은 단어에 체크하세요.　　　TOPIC: Nicknames

☐ hero
☐ star

☐ genius
☐ princess

☐ captain
☐ angel

☐ angel
☐ star

☐ princess
☐ hero

☐ genius
☐ captain

우리말을 보고 영어 문장을 완성하세요.
필요할 경우 동사의 모양을 바꾸세요.

주어	동사	목적어	보어 (명사)

1

나는	불러요	그를	영웅이라고

Tip!
보통 명사가 한 명이거나 하나일 때는 그 앞에 a(n)을 붙여요.

2

우리는	불러요	그를	우리의 주장이라고

3

그는	불러요	그녀를	천사라고

Tip!
명사의 첫소리가 a, e, i, o, u로 시작하면 명사 앞에 an을 붙여요.

4

나는	불렀어요	나의 선생님을	천재라고

5

그녀는	불렀어요	그녀의 남동생을	스타라고

6

그들은	불렀어요	나의 여동생을	공주라고

STEP 2 문장 만들기

우리말을 영어 문장으로 쓰세요.
필요할 경우 동사의 모양을 바꾸세요.

Word Bank
Superman
prince
leader

1.

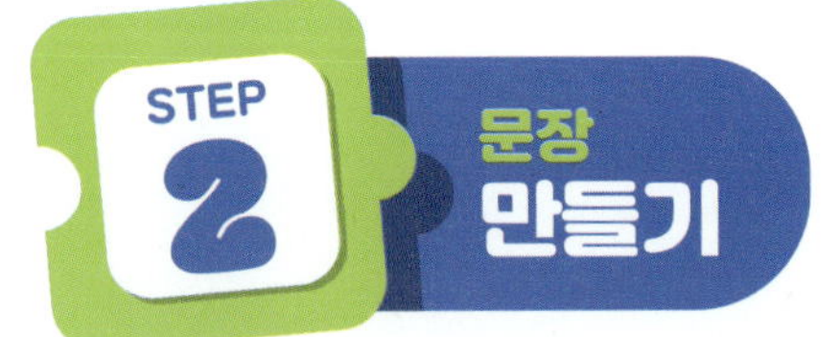

나의 엄마는 나를 왕자라고 불러요.

2.

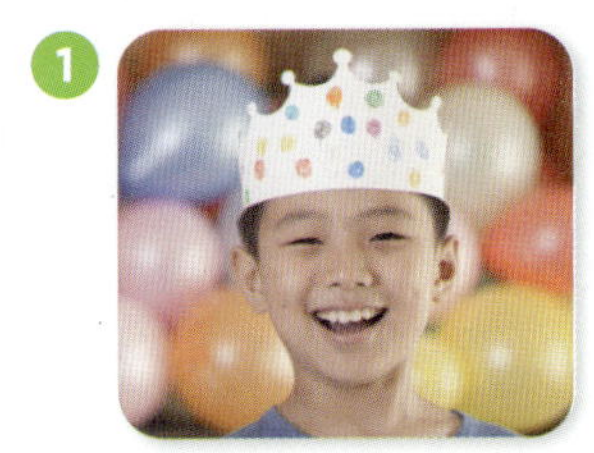

그의 노래들은 그를 스타로 만들었어요.

3.

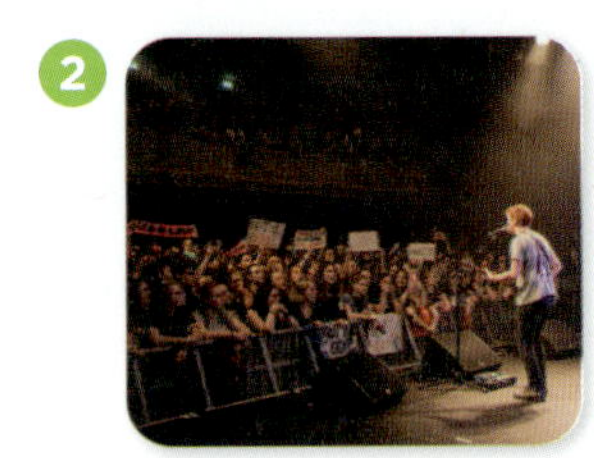

우리는 Kate를 우리의 리더로 만들었어요.

Tip! 사람이나 나라 이름처럼 하나뿐인 이름은 첫 글자를 대문자로 쓰고 그 앞에 a(n)이나 the를 안 붙여요.

4.

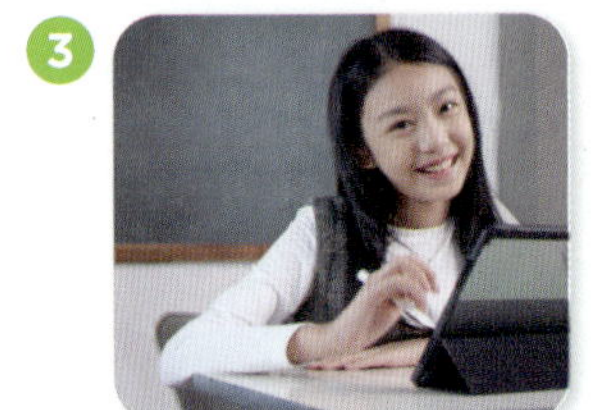

나는 나의 딸을 Ella라고 이름 지었어요.

5.

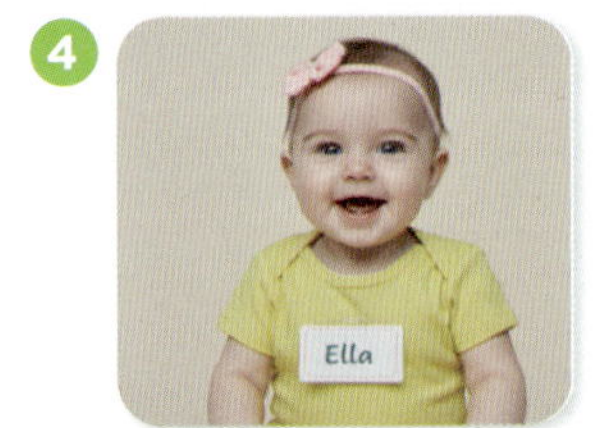

나의 친구들은 나를 슈퍼맨이라고 불렀어요.

6. 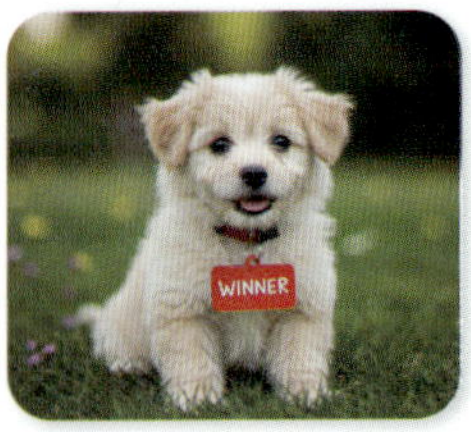

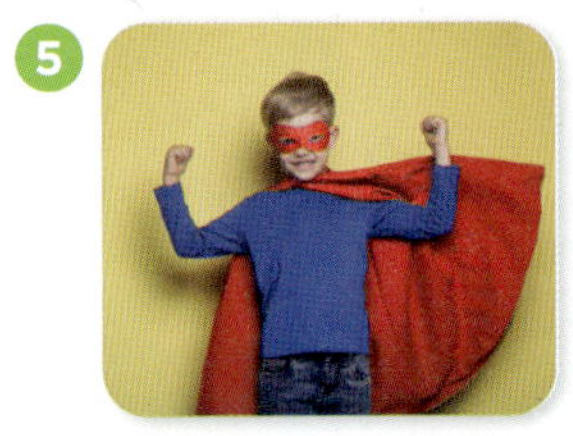

그는 그의 강아지를 Winner라고 이름 지었어요.

설명을 읽고, 우리말을 영어 문장으로 쓰세요.

앞으로 일어날 일을 나타내는 will

앞으로 일어날 일을 말할 때는 동작 동사 앞에 will을 붙여요. 어떤 주어가 와도 상관없이 will을 쓰고 뒤의 동사는 원래 모양으로 써요.

I **will name** my baby Jenny. (나는 나의 아기를 제니라고 이름 지을 거예요.)
His amazing voice **will make** him a star. (그의 놀라운 목소리는 그를 스타로 만들 거예요.)

1 나는 너를 Sunny라고 부를게.

I _________________________ you Sunny.

2 우리 가족은 그 물고기를 Nemo라고 이름 지을 거예요.

____

서술형 주어진 조건과 정보를 사용하여 나의 다양한 별명에 관한 글을 완성해 보세요.

조건

동사 call을 사용하되 필요시 동사의 모양을 바꿀 것

나의 다양한 별명

• 친구들 - Smiley

• 선생님 - idol

• 가족 - Sweetie

I have many nicknames.
I smile a lot.
So my friends _________________ .
I dance well.
So my teacher _________________ .
I am kind.
So my family _________________ .

My Best Friend

 수행평가 과제를 확인해 보세요.

주제	나의 친한 친구 소개하기
내용	✔ 친구가 나에게 주로 하는 행동 두 가지 소개하기 ✔ 내가 친구를 부르는 별명 소개하기
조건	✔ 목적어를 두 개 가지는 동사를 사용하기 ✔ 동사 name이나 call을 사용해서 친구의 별명 밝히기

예시 답변 **다음 글을 소리 내어 읽으며 따라 써 보세요.**

My best friend is Jisu.

She gives me delicious snacks.

She shows me her amazing dances.

So I call her a star.

She always makes me happy.

Word Bank

☐ best friend 가장 친한 친구　☐ delicious 맛있는　☐ show 보여 주다　☐ amazing 놀라운, 대단한

정답 14쪽

내 답변 아래 표현들을 활용해 내 답변을 완성하고, 친구의 얼굴을 그려 보세요.

My best friend is

She/He

She/He

So I

She/He always makes me

Word Bank

- nice stickers 멋진 스티커들
- a funny story 웃긴 이야기
- storyteller 이야기꾼
- energetic 활기찬
- cool toys 멋진 장난감들
- interesting books 흥미로운 책들
- bookworm 책벌레
- relaxed 편안한

Checklist

내가 쓴 글을 보며 과제를 잘 했는지 평가해 보세요.

평가 요소		
1. 친구가 주로 하는 행동과 친구의 별명을 소개했나요?	Yes	No
2. 목적어를 두 개 가지는 동사를 적절하게 사용했나요?	Yes	No
3. 동사 name이나 call을 적절하게 사용했나요?	Yes	No
4. 대문자, 마침표, 철자가 올바른가요?	Yes	No

Nickname Detective

우리나라에서 '별명'은 주로 외모나 성격, 습관처럼 사람의 특징을 보고 붙이는 이름으로, 별명이 없는 사람도 많아요. 하지만 영어권 나라에서 nickname은 친근하게 부르는 '애칭'의 의미로도 쓰여요. 따라서 대부분 자신의 이름을 줄이거나 변형하여 친근하게 부르는 애칭을 가지고 있어요. 예를 들어 Michael은 Mike, Elizabeth는 Liz로 줄여 부르거나, Son(손흥민)처럼 이름 끝에 -y를 붙여 Sonny, Jennifer는 Jenny처럼 바꾸기도 합니다. 영어권에서도 한국처럼 특징을 보고 별명을 만들 때도 있지만, 친구의 기분을 상하게 할 수 있는 별명은 주의해서 사용해야 해요.

● **다음은 친구들의 사진이에요.**
  아래 nickname에 해당하는 친구를 골라 보세요.

① **Sunny:** 해처럼 항상 밝은 친구

② **Red:** 빨간 머리의 친구

③ **Speedy:** 행동이 빠른 친구

④ **Curly:** 곱슬머리의 친구

⑤ **Princess:** 공주처럼 입는 것을 좋아하거나 행동하는 친구
　　　　　　　(사랑하는 사람을 친근하게 부르는 의미도 포함)

정답 21쪽

CHAPTER 3

상태 동사의 확장

'~이다, ~하다'라는 뜻의 be동사 뒤에 형용사가 오면 주어의 상태나 느낌을 나타내요. 그런데 상태를 나타내는 동사에는 be동사 외에도 여러 가지가 있어요. 예를 들어, 어떻게 보이는지, 어떤 맛이 나는지, 어떻게 변하는지를 나타내는 동사들이에요. 다양한 상태 동사를 사용해 주어의 상태를 표현하는 방법을 알아보아요.

07 You look very thin.

주어의 상태나 느낌을 말할 때, 사실 그대로 말하기보다는 **'~하게 보인다'처럼 겉으로 보이는 상태나 느낌을 표현하고 싶을 때가 있어요. 이럴 때 쓰는 동사가 look(~하게 보이다)이에요.** '~하게'라는 말 때문에 뒤에 부사가 와야 할 것 같지만, look 뒤에는 형용사가 와요. 형용사 앞에는 형용사를 꾸며주는 very(매우), a little(약간) 같은 부사가 올 수 있어요.

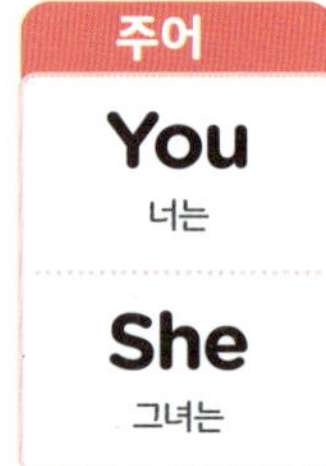  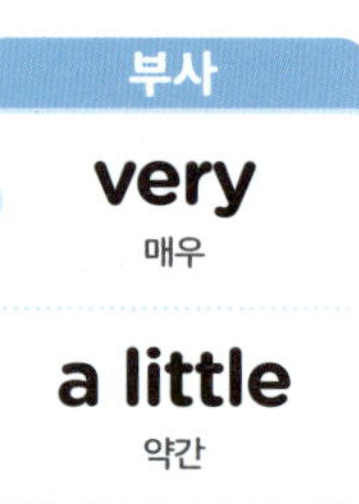 

주어	동사	부사	보어 (형용사)
You 너는	**look** ~하게 보여	**very** 매우	**thin.** 마른
She 그녀는	**looks** ~하게 보여요	**a little** 약간	**angry.** 화가 난

강의 & 음원

Word Bank 이미지를 보고 알맞은 단어에 체크하세요.

TOPIC: Appearance

- [ ] short
- [ ] handsome

- [ ] slim
- [ ] cute

- [ ] tall
- [ ] handsome

- [ ] cute
- [ ] short

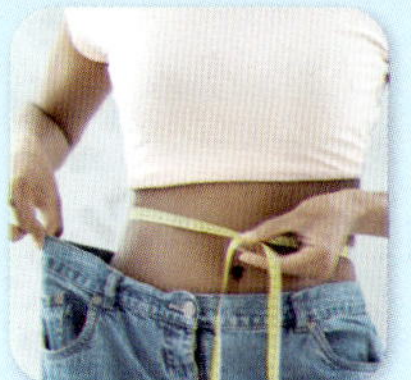
- [ ] slim
- [ ] pretty

- [ ] pretty
- [ ] tall

우리말을 보고 영어 문장을 완성하세요.
필요할 경우 동사의 모양을 바꾸세요.

주어	동사	부사	보어 (형용사)
①			.
그는	~하게 보여요	약간	귀여운
②			.
그녀는	~하게 보여요	매우	예쁜
③			.
너희들은	~하게 보여	매우	잘생긴

Tip! you가 나타내는 상대방은 한 사람일 수도 있고, 여러 사람일 수도 있어요.

주어	동사	보어 (형용사)	부사구
④			in those shoes .
너희들은	~하게 보여	키가 작은	그 신발을 신으니

Tip! in은 장소와 시간뿐 아니라 신발이나 옷 앞에 와서 '~을 입고 있는'의 의미를 나타내요.

⑤			in that big jacket .
너는	~하게 보여	키가 큰	그 큰 재킷을 입으니

Tip! this, that, these, those가 명사를 꾸며줄 때 <형용사 + 명사> 앞에 위치해요.

⑥			in that black shirt .
너는	~하게 보여	날씬한	그 검은 셔츠를 입으니

우리말을 영어 문장으로 쓰세요.
필요할 경우 동사의 모양을 바꾸세요.

Word Bank

old
cool
young
lovely
ugly

1.  너는 **사랑스러워** 보여.

2.  그는 **어려** 보여요.

3.  그녀는 매우 **아름다워** 보여요.

4.  그 고양이는 약간 **나이 들어** 보여요.

5.  그 개는 약간 **못생겨** 보였어요.

6.  그들은 매우 **멋져** 보였어요.

STEP 3 문장 **확장하기**

설명을 읽고, 우리말을 영어 문장으로 쓰세요.

동사 feel의 쓰임

feel은 '~하게 느껴진다, ~한 느낌이 들다'라는 뜻으로, 뒤에는 상태를 나타내는 형용사가 와요. 사람이 스스로 느끼는 감정이나 몸의 상태를 나타내거나, 사물을 만졌을 때의 촉감을 표현할 때 사용해요.

He feels cold. (그는 춥다고 느껴요.)
The water feels cold. (그 물이 차가운 느낌이 들어요.)

---

1 나는 매우 슬픈 느낌이 들었어요.

I felt very ___________________.

Word Bank
hard
full

2 잭은 이제 배부른 느낌이 들어요.

Jack ___________________ now.

3 그 의자는 약간 딱딱한 느낌이 들어요.

____

서술형 우리말을 보고, 보기의 단어를 사용하여 대화를 완성해 보세요.

Anna: Lily, are you going somewhere?

____
(너 오늘 스타일이 좋아 보여.)

Lily: Today is my mom's birthday.
We will go to a nice restaurant.

____
(나는 매우 신나.)

Anna: That sounds great!

보기
feel
look
excited
stylish

UNIT 08
You smell delicious.

어떤 대상을 표현할 때, '~한 냄새가 나다', '~한 맛이 나다'처럼 다양한 감각을 사용해서 말할 수 있어요. **이렇게 냄새나 맛을 표현할 때 동사 smell, taste를 쓰고, 그 뒤에 상태를 설명해 주는 형용사가 뒤따라와요.**

주어	동사	보어 (형용사)
You 너는	**smell** ~한 냄새가 나	**delicious.** 맛있는
The pie 그 파이는	**tastes** ~한 맛이 나요	

강의 & 음원

Word Bank 이미지를 보고 알맞은 단어에 체크하세요.

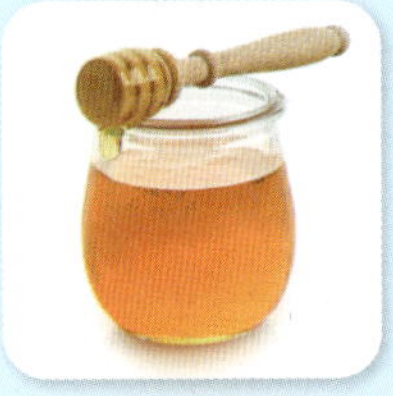

- [ ] bad
- [ ] sweet

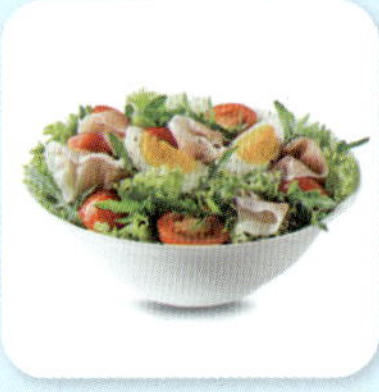

- [ ] sour
- [ ] fresh

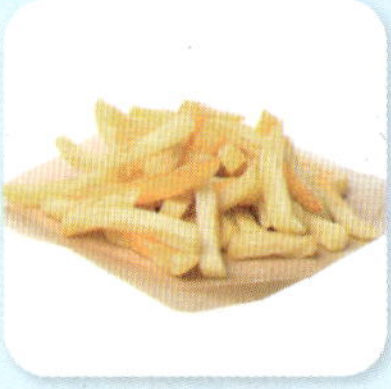

- [ ] salty
- [ ] spicy

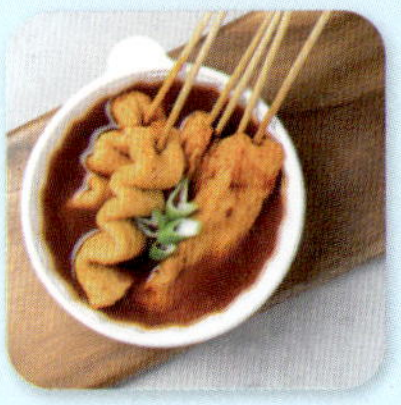

- [ ] fresh
- [ ] spicy

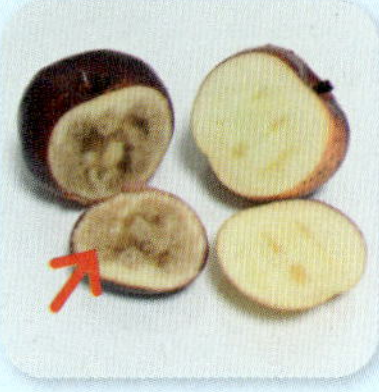

- [ ] bad
- [ ] salty

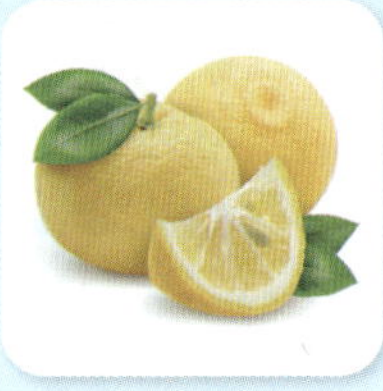

- [ ] sweet
- [ ] sour

우리말을 보고 영어 문장을 완성하세요.
필요할 경우 동사의 모양을 바꾸세요.

주어	동사	보어 (형용사)

1 | | | .
그것은 | ~한 냄새가 나요 | 달콤한

Tip! it은 사물이나 동물 하나를 가리킬 때 쓰는 말로, 동사 끝에 -e(s)를 붙여야 해요.

2 | | | .
그것들은 | ~한 냄새가 나요 | 매운

Tip! they가 사람을 가리킬 땐 '그들은', 사물이나 동물을 가리킬 땐 '그것들은'이라고 해석해요.

3 | | | .
그 생선은 | ~한 냄새가 나요 | 안 좋은

주어	동사	부사	보어 (형용사)

4 The salad | | | .
그 샐러드는 | ~한 맛이 나요 | 매우 | 신선한

5 The lemon | | | .
그 레몬은 | ~한 맛이 나요 | 약간 | 시큼한

6 The fries | | | .
그 감자튀김은 | ~한 맛이 나요 | 너무 | 짠

Tip! too는 '너무 ~하다'란 뜻으로, 주로 부정적인 느낌을 나타내요.

우리말을 영어 문장으로 쓰세요.
필요할 경우 동사의 모양을 바꾸세요.

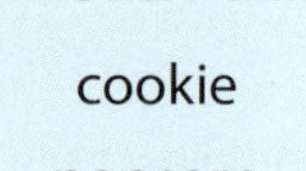

1 
그 **수프**는 **좋은** 냄새가 나요.

____

2
그 **샌드위치**는 신선한 맛이 나요.

____

3 
그 **파스타**는 맛있는 냄새가 나요.

____

4 
그 **쿠키**는 매우 달콤한 맛이 나요.

____

5 
그 **팝콘**은 너무 **기름기가 많은** 맛이 나요.

____

Tip! oily는 명사 oil(기름)에 형용사 어미인 '-y'가 붙은 형태로, '기름기가 많은'이란 뜻이에요.

6 

그것들은 약간 **이상한** 냄새가 나요.

____

설명을 읽고, 우리말을 영어 문장으로 쓰세요.

상태 동사 뒤에 명사가 오는 경우

상태 동사 smell, taste, look, feel 뒤에는 형용사가 와서 주어의 상태를 설명해주죠. 그런데 명사를 쓰고 싶을 때는 반드시 상태 동사 뒤에 <like + 명사>의 형태를 써야 해요.

It tastes like lemon. (그것은 레몬 같은 맛이 나요.)
My hands feel like ice. (내 손이 얼음 같은 느낌이 들어요.)

1 이것은 **우유** 같은 맛이 나요.

This tastes ________________________ .

2 이것들은 **초콜릿** 같은 냄새가 나요.

These ________________________ .

3 그것은 별처럼 보여요.

____

Word Bank

chocolate

milk

서술형 우리말을 보고, **보기**의 단어를 사용하여 솜사탕을 소개하는 글을 완성해 보세요.

My favorite snack is cotton candy.

____
(그것은 달콤한 맛이 나요.)

____
(그것은 구름처럼 생겼어요.)

____
(그것은 폭신한 느낌이 들어요.)

보기

a cloud

sweet

soft

09 Hansel got scared.

'나는 무서워'처럼 단순한 상태를 말하는 대신 '나는 무서워졌어'처럼 변화하고 있는 상태를 말하고 싶을 때, 동사 get을 사용해요. **<get + 형용사>는 '~해지다, ~하게 되다'라는 변화의 뜻을 나타내요.** 이때 형용사 뒤에 '-er'을 붙이거나, 긴 단어의 경우 앞에 more를 쓰면 '더 ~해지다'라는 뜻이 되어 변화의 과정을 더 강조할 수 있어요.

주어	동사	보어 (형용사)
Hansel 헨젤은	**got** ~해졌어요	**scared.** 무서운
The witch 그 마녀는	**got** ~해졌어요	**more excited.** 더 신이 난

강의 & 음원

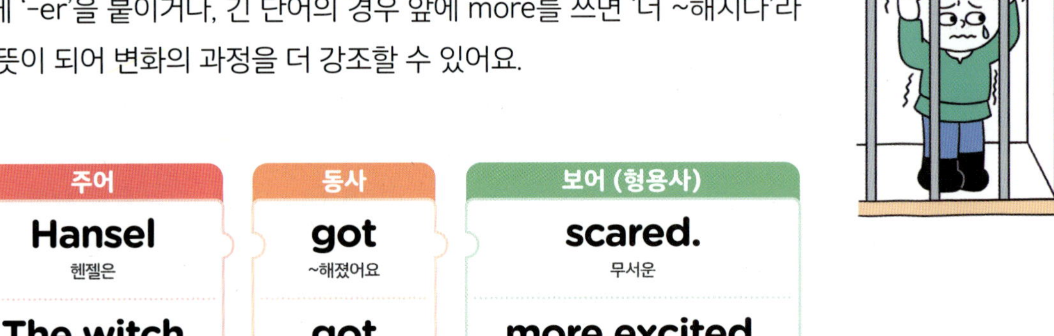

W🌐rd Bank 이미지를 보고 알맞은 단어에 체크하세요.

- [ ] sick
- [ ] hungry

- [ ] dizzy
- [ ] cold

- [ ] strong
- [ ] hungry

- [ ] sick
- [ ] strong

- [ ] cold
- [ ] tired

- [ ] dizzy
- [ ] tired

우리말을 보고 영어 문장을 완성하세요.
필요할 경우 동사의 모양을 바꾸세요.

주어	동사	보어 (형용사)

1 | | | . |

나는   ~해졌어요   더 아픈

2 | | | . |

그녀는   ~해졌어요   더 튼튼한

3 | | | . |

그는   ~해졌어요   더 추운

주어	동사	보어 (형용사)	부사구 (시간)

4 | | | in hot weather | . |

그는   ~해져요   어지러운   더운 날씨에

5 | | | after dance practice | . |

그녀는   ~해져요   배고픈   춤 연습 후에

6 | | | during class | . |

그들은   ~해져요   피곤한   수업 시간 동안

우리말을 영어 문장으로 쓰세요.
필요할 경우 동사의 모양을 바꾸세요.

1 

나는 점심 식사 후에 **졸려요**.

_________________________ after lunch.

Word Bank
lazy
better
sleepy

2 

그녀는 주말에 **게을러져요**.

_________________________ on weekends.

3 

나는 방학 후에 아파졌어요.

_________________________ after the vacation.

4 

그들은 산책 후에 배고파졌어요.

_________________________ after the walk.

5 

Tom은 연습으로 더 강해질 거예요.

_________________________ with practice.

Tip! 앞으로 일어날 일에 대해 말할 때는 동사 앞에 will을 붙여요.
will 뒤의 동사는 원래 모양으로 써요.

6 

Lucy는 휴식을 취한 후에 더 **나아질** 거예요.

_________________________ after some rest.

Tip! better는 '더 건강한, 더 나은'의 뜻으로 몸이나 상태가 더 좋아진 정도를 나타내요.

설명을 읽고, 우리말을 영어 문장으로 쓰세요.

형용사의 비교급

형용사 뒤에 -er을 붙이거나, 형용사 앞에 more를 붙인 형태를 '비교급'이라고 해요. 비교급은 보통 두 대상을 비교하여 '어느 쪽이 더 ~하다'라고 표현할 때 써요. 비교급 뒤에는 <than + 비교 대상>이 올 수 있어요.

He gets **taller** every year. (그는 매년 키가 더 커져요.)
I am **stronger than** my brother. (나는 나의 형보다 힘이 더 세요.)

Word Bank
more famous
bigger
busier

1 이 가방은 나의 가방보다 **더 커요**.

This bag is _________________ than my bag.

2 그는 나보다 **더 바빠요**.

He is _________________ me.

3 그 가수는 공연 이후에 **더 유명해졌어요**.

The singer got _________________ after the show.

서술형 **보기**의 단어와 동사 get을 사용하여 아이의 일기를 완성해 보세요.

보기
scared   full   excited

Today, I had a big dinner. _________________

Next, I watched a horror movie. _________________

Lastly, I played with my sister. _________________

It was the best day ever!

My Favorite Food

 수행평가 과제를 확인해 보세요.

주제	내가 좋아하는 음식이나 간식에 대한 퀴즈 만들기
내용	✔ 좋아하는 음식이나 간식 소개하기 ✔ 모양, 촉감, 냄새, 맛 중에서 두 가지 내용 포함하기
조건	✔ look, feel, smell, taste 뒤에 형용사가 오는 문장 한 개 이상 포함하기 ✔ look, feel, smell, taste 뒤에 명사가 오는 문장 한 개 이상 포함하기

 다음 글을 소리 내어 읽으며 따라 써 보세요.

Let me tell you about my favorite food.

It looks like a colorful ball.

It feels hard.

It tastes sweet and crunchy.

What is it?

Word Bank

☐ **favorite** 가장 좋아하는   ☐ **colorful** 알록달록한, 화려한   ☐ **crunchy** 바삭바삭한

내 답변 아래 표현들을 활용해 내 답변을 완성하고, 그림을 그려 보세요.

Let me tell you about

my favorite food.

It

It

It

What is it?

Word Bank

- square 정사각형
- stick 막대기
- sticky 끈적끈적한
- chewy 쫄깃쫄깃한, 꼭꼭 씹어야 하는
- juicy 즙이 가득한
- triangle 삼각형
- round 둥근
- creamy 크림이 많이 든
- fruity 과일 맛[향]이 강한
- shiny 반짝반짝 빛나는

Checklist

내가 쓴 글을 보며 과제를 잘 했는지 평가해 보세요.

평가 요소		
1. 내가 좋아하는 음식이나 간식에 대해 소개했나요?	Yes	No
2. look, feel, smell, taste 뒤에 형용사가 오는 문장을 포함했나요?	Yes	No
3. look, feel, smell, taste 뒤에 명사가 오는 문장을 포함했나요?	Yes	No
4. 대소문자, 마침표, 철자가 올바른가요?	Yes	No

Pictionary

- 주어진 형용사를 보고 적절한 얼굴 표정을 그려, 그림 사전을 완성해 보세요.

happy 형

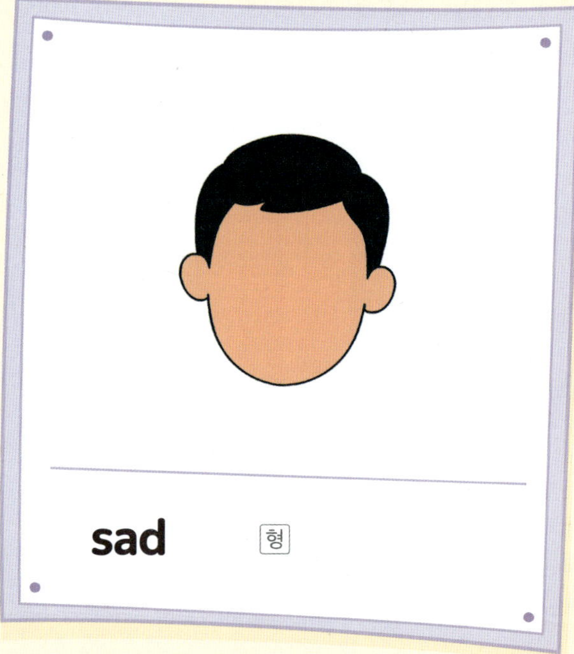

sad 형

angry 형

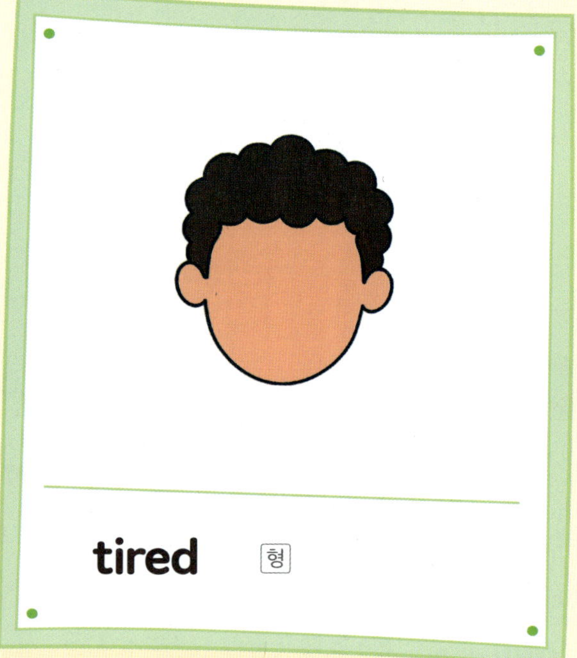

tired 형

4

기타 문장

지금까지는 사람이나 사물이 주어가 되는 문장 형태를 배웠어요. 이번에는 조금 특별하게 문장을 시작하는 방법을 배워볼 거예요. It이 앞에 나온 명사를 대신하는 말이 아닌 새로운 의미로 쓰이는 문장, There로 시작하는 문장, 그리고 동사로 시작하는 문장까지 문장을 더 다양하게 확장하는 방법을 알아보아요.

It is stormy today.

it은 '그것은'이라는 뜻으로, 앞에서 언급한 사물이나 동물 명사를 반복하지 않기 위해 사용해요. 그런데 **날씨를 나타낼 때도 문장을 it으로 시작할 수 있어요.** 이런 경우, it을 '그것은'이라고 해석하면 어색하기 때문에 따로 해석하지 않아요.

주어	be동사	보어 (형용사)	부사
It (날씨가)	**is** ~해요	**stormy** 폭풍우가 치는	**today.** 오늘은

주어	be동사	부사	보어 (형용사)
It (날씨가)	**is** ~해요	**very** 매우	**stormy.** 폭풍우가 치는

강의 & 음원

Word Bank 이미지를 보고 알맞은 단어에 체크하세요.　　　　TOPIC: Weather

- [ ] sunny
- [ ] cloudy

- [ ] snowy
- [ ] foggy

- [ ] windy
- [ ] rainy

- [ ] windy
- [ ] snowy

- [ ] foggy
- [ ] rainy

- [ ] cloudy
- [ ] sunny

Tip! 날씨를 나타내는 형용사는 단어의 끝이 '-y'로 끝나는 경우가 많아요. 명사에 '-y'가 붙어 형용사가 된 거예요.

우리말을 보고 영어 문장을 완성하세요.

주어	be동사	보어 (형용사)	부사

1 | | | | .
(날씨가) | ~해요 | 안개가 낀 | 지금

2 | | | | .
(날씨가) | ~해요 | 화창한 | 오늘은

3 | | | | .
(날씨가) | ~했어요 | 구름이 낀 | 어제는

Tip! '~했다'라고 과거의 일을 나타낼 때는 is 대신 was를 써요.

주어	be동사	부사	보어 (형용사)

4 | | | | .
(날씨가) | ~해요 | 매우 | 비가 오는

5 | | | | .
(날씨가) | ~해요 | 약간 | 눈이 오는

6 | | | | .
(날씨가) | ~했어요 | 너무 | 바람이 부는

우리말을 영어 문장으로 쓰세요.

Word Bank
clear
warm
hot
dry

1 
(날씨가) 오늘은 시원해요.

Tip! cool은 사람이나 사물과 함께 쓰면 '멋진'으로 해석하고, 날씨를 말할 때는 '시원한'이라고 해석해요.

2 
(날씨가) 매우 **따뜻해요.**

3 
(날씨가) 지금 **맑아요.**

4 
(날씨가) 어제는 너무 **더웠어요.**

5 
(날씨가) 오늘은 더 추워졌어요.

Tip! <get + 형용사>는 '~해지다'라는 의미로, 형용사 뒤에 '-er'을 붙이면 '더욱 ~해지다'라는 뜻을 나타내요.

6 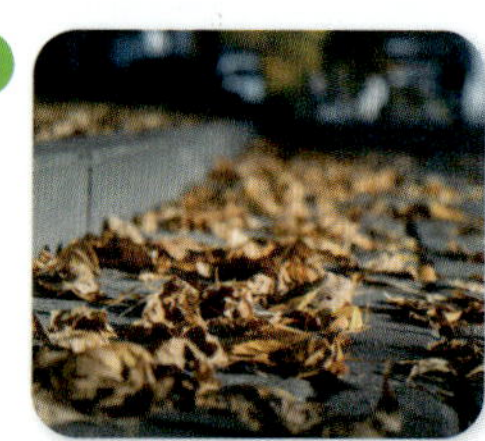
(날씨가) 매일 더 **건조해져요.**

_________________ every day.

Tip! <자음 + y>로 끝나는 형용사는 -y를 -i로 바꾸고 그 뒤에 -er을 붙여요.

설명을 읽고, 우리말을 영어 문장으로 쓰세요.

시간을 나타내는 it

날씨 외에 시간을 나타낼 때도 문장의 주어로 it을 써요. 시각, 날짜, 요일, 계절 등 시간을 나타내는 명사가 뒤따라와요.

It is eight o'clock now. (지금은 8시예요.)
It is summer. (여름이에요.)

Word Bank

Friday
July 5
birthday

1 오늘은 나의 **생일**이에요.

It is ___________________ today.

2 어제는 **금요일**이었어요.

It ___________________ yesterday.

3 오늘은 **7월 5일**이에요.

____

서술형   보기의 단어를 사용하여 한국의 사계절을 소개하는 글을 완성해 보세요.

Korea has four seasons.

___________ in ___________ . (봄에는 따뜻해요.)

___________ in ___________ . (여름에는 더워요.)

___________ in ___________ . (가을에는 시원해요.)

___________ in ___________ . (겨울에는 추워요.)

보기

fall
spring
summer
winter

UNIT 11
There is gold in the house.

어떤 사물이나 사람이 어디에 있는지 알려주고 싶을 때, **there is 또는 there are로 문장을 시작할 수 있어요.** '~가 있다'라는 뜻으로, there를 '거기에'라고 해석하지는 않아요. there is 뒤에는 하나의 대상이, there are 뒤에는 여러 개의 대상이 와요. 대상 뒤에는 주로 그 대상의 위치를 알려주는 장소 표현이 함께 쓰여요.

There	be동사	주어	부사구 (장소)
There	**is**	**gold**	**in the house.**
	있어요	금이	집 안에

There	be동사	주어	부사구 (장소)
There	**are**	**cakes**	**on the table.**
	있어요	케이크들이	식탁 위에

강의 & 음원

Word Bank 이미지를 보고 알맞은 단어에 체크하세요.

TOPIC: Nature

- [ ] nest
- [ ] butterfly

- [ ] sheep
- [ ] grass

- [ ] tree
- [ ] bird

- [ ] bird
- [ ] butterfly

- [ ] grass
- [ ] tree

- [ ] sheep
- [ ] nest

우리말을 보고 영어 문장을 완성하세요.

There	be동사	주어	부사구 (장소)

1 | | | | in the park | .
| | 있어요 | 나무가 | 공원에 |

2 | | | | on the tree | .
| | 있어요 | 둥지가 | 나무 위에 |

3 | | | | in the field | .
| | 있어요 | 잔디가 | 들판에 |

Tip! 잔디는 셀 수 없는 명사이므로 그 앞에 a를 붙이지 않아요.

4 | | | | on the hill | .
| | 있어요 | 양들이 | 언덕 위에 |

Tip! sheep은 여러 마리를 의미할 때 모양을 바꾸지 않고 sheep 그대로 써요. 이와 비슷한 예로 deer(사슴)가 있어요.

5 | | | | in the sky | .
| | 있어요 | 새들이 | 하늘에 |

6 | | | | in the garden | .
| | 있어요 | 나비들이 | 정원에 |

Tip! butterfly처럼 <자음 + y>로 끝나는 명사가 두 개 이상일 때는 -y를 -i로 바꾸고 -es를 붙여요.

STEP 2 문장 만들기

우리말을 영어 문장으로 쓰세요.

Word Bank

squirrel
duck
mountain
river
rainbow
cloud

many
long
forest
pond

1 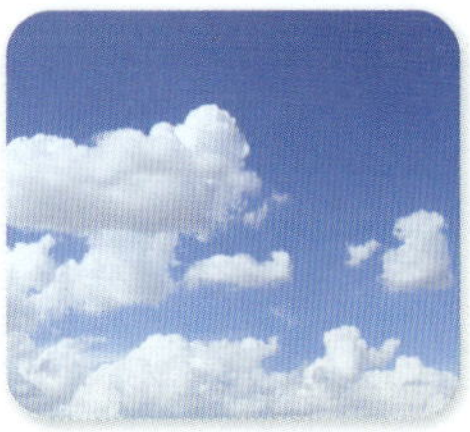

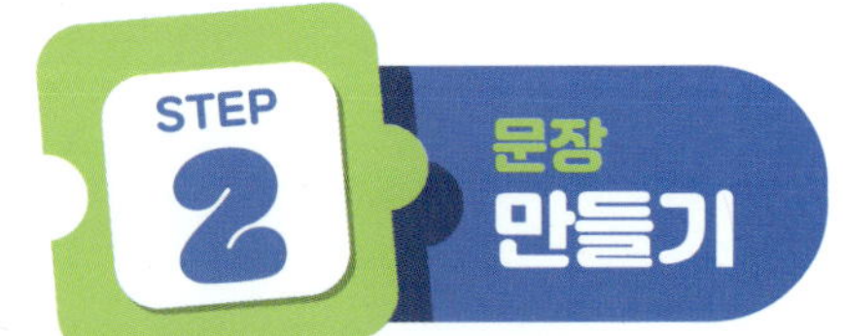

하늘에 구름들이 있어요.

....

2 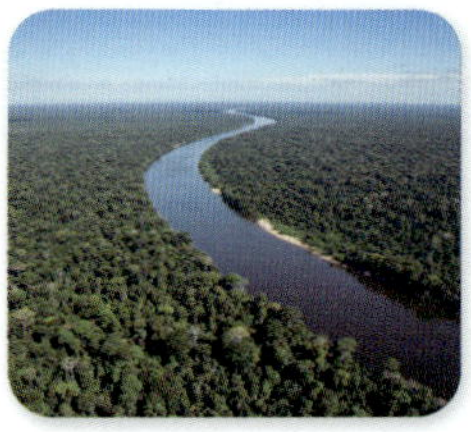

브라질에 긴 강이 있어요.

.... in Brazil.

3 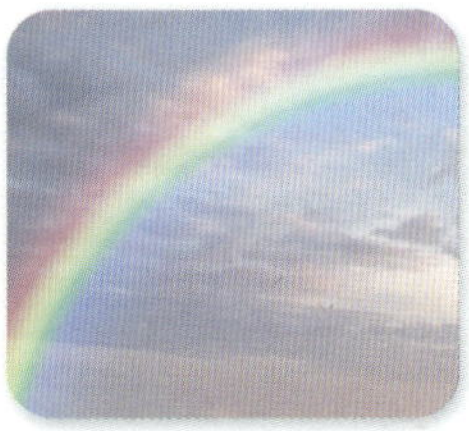

하늘에 무지개가 있어요.

....

4 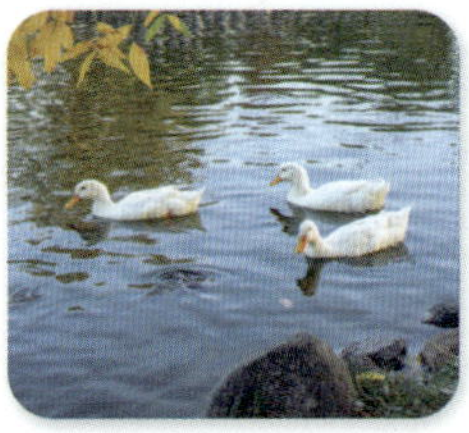

연못에 오리들이 있어요.

....

5 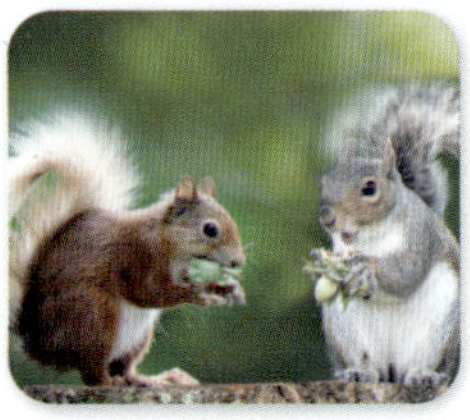

숲속에 다람쥐들이 있어요.

....

6 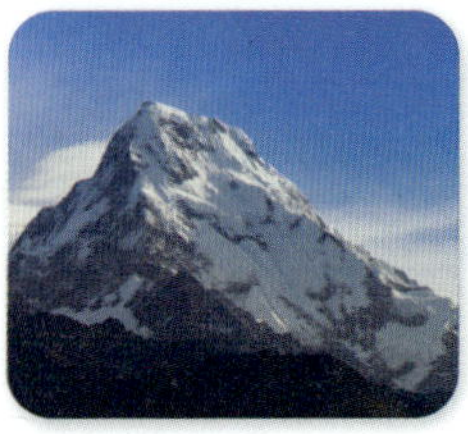

우리나라에는 많은 산들이 있어요.

.... in my country.

설명을 읽고, 우리말을 영어 문장으로 쓰세요.

명사의 수나 양을 어림잡아 표현하기

형용사 중에는 명사의 수나 양을 나타내는 형용사들도 있어요. 그 중 **some**은 '조금의, 약간의, 몇몇의'라는 뜻으로, **명사의 정확한 수나 양을 모를 때 써요.** some 뒤에 셀 수 있는 명사가 오면 명사 뒤에 -(e)s를 붙여야 해요.

There is some juice in the fridge. (냉장고에 주스가 조금 있어요.)
There are some birds in the park. (공원에 새들이 몇 마리 있어요.)

1 냉장고에 우유가 조금 있어요.

There is _________________________ in the fridge.

2 접시 위에 쿠키들이 몇 개 있어요.

_________________________ on the plate.

3 그 책상 위에 책들이 몇 권 있어요.

____

 우리말을 보고, 보기의 단어를 사용하여 사진을 묘사하는 글을 완성해 보세요.

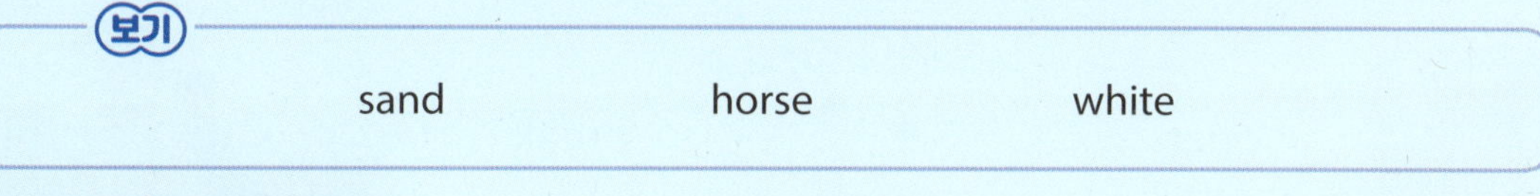

보기

sand   horse   white

_________________________ on the beach.
(해변에 말들이 있어요.)

_________________________, too.
(하얀 모래도 있어요.)

____
(하늘에 구름들이 조금 있어요.)

Let's leave the forest.

영어 문장에서는 우리말과 달리 문장의 주어가 꼭 필요해요. 하지만 **누군가에게 '~해라'라고 지시할 때는 주어 없이 동사만으로 문장을 시작해요.** 만약 지시가 '~하지 말아라'라는 부정의 뜻을 나타낼 때는 <Don't + 동사>로 문장을 시작해요. 그리고 '(우리 함께) ~하자'고 제안할 때는 <Let's + 동사>로 시작해요. 이때 모든 동사는 원래 모양 그대로 와야 해요.

Don't / Let's	동사	목적어
x	**Leave** 떠나라	**the forest.** 그 숲을
Don't ~하지 말아라 **Let's** ~하자	**leave** 떠나다	**the forest.** 그 숲을

강의 & 음원

W⊙rd Bank 이미지를 보고 알맞은 단어에 체크하세요.

☐ open
☐ close

☐ break
☐ clean

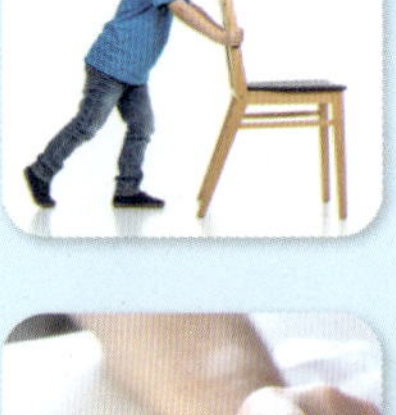
☐ push
☐ open

☐ color
☐ close

☐ color
☐ push

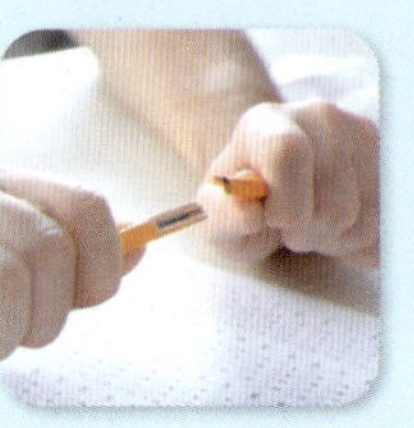
☐ break
☐ clean

Tip! 하나의 단어가 여러 가지 뜻을 나타낼 수 있어요. color는 '색깔', '색깔을 칠하다'라는 뜻이 있고, open은 '열려 있는', '열다'라는 뜻이 있어요.

우리말을 보고 영어 문장을 완성하세요.

동사	목적어

1 ☐ ☐ .
덮어라 / 그 책을

2 ☐ the picture .
색칠해라 / 그 그림을

3 ☐ your textbook .
펴라 / 너의 교과서를

4 ☐ ☐ .
청소해라 / 너희들의 책상들을

Don't	동사	목적어

5 ☐ ☐ ☐ .
말아라 / 부러뜨리지 / 너의 연필들을

6 ☐ ☐ ☐ .
말아라 / 밀지 / 너의 친구를

STEP 2 문장 만들기

우리말을 영어 문장으로 쓰세요.

Word Bank

lunchbox
answer
phone
snacks

wash
finish
write
bring

1 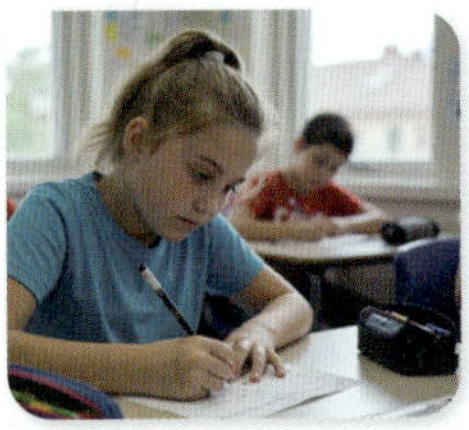

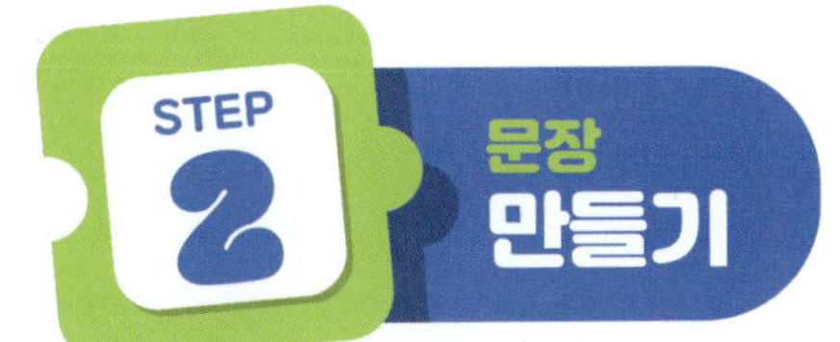

너의 답을 적어라.

....

2 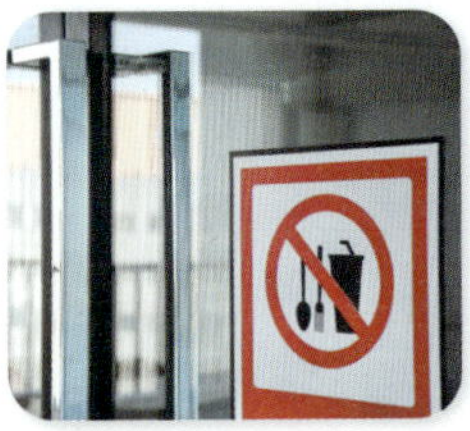

도서관에서 너의 간식을 먹지 말아라.

.... in the library.

3 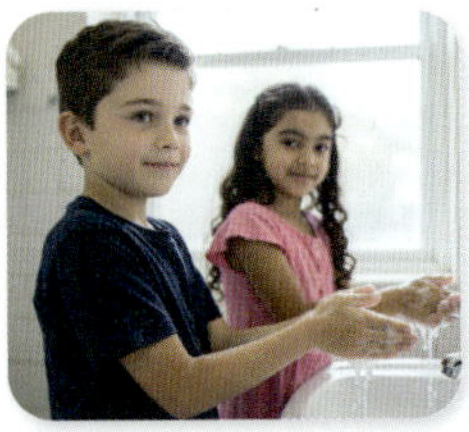

저녁 식사 전에 우리의 손들을 씻자.

.... before dinner.

4 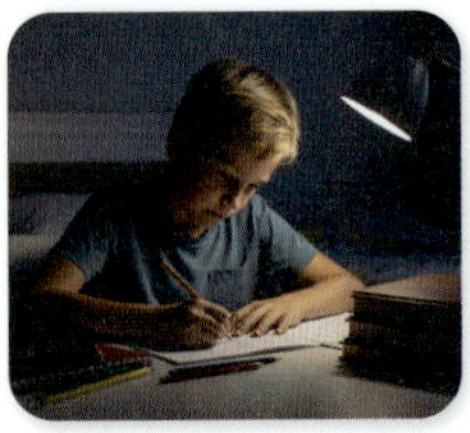

자기 전에 너의 숙제를 끝내라.

.... before bed.

5 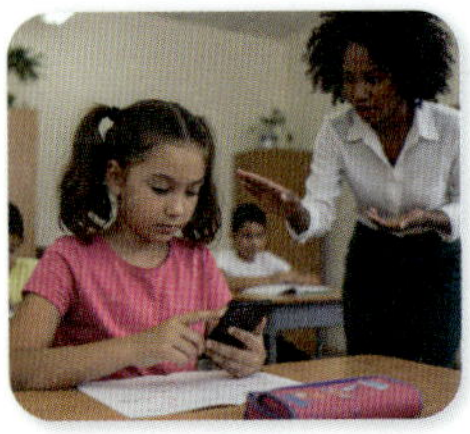

수업 시간에 너의 전화기를 사용하지 말아라.

.... in class.

6 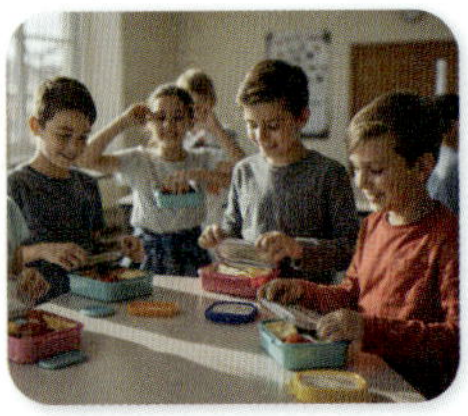

내일은 우리의 점심 도시락들을 가져오자.

.... tomorrow.

STEP 3 문장 **확장하기** 설명을 읽고, please를 사용한 문장으로 바꿔 쓰세요.

공손하게 요청하기

누군가에게 지시할 때 please를 붙이면 정중하고 공손한 표현이 돼요. 우리말의 '~해주세요'와 비슷한 뜻으로 문장의 맨 앞이나 맨 뒤에 모두 올 수 있어요.

Please don't eat your snacks in the classroom.
= Don't eat your snacks in the classroom, **please**. (교실에서 당신의 간식을 먹지 마세요.)

1 **Don't write on your desk.** (너의 책상 위에 낙서하지 말아라.)

→

→

2 **Don't talk in class.** (수업 시간에 이야기하지 말아라.)

→

→

서술형 보기의 단어를 사용하여 학급 규칙을 완성해 보세요.

These are our classroom rules.

___________________ in the classroom.

Please ___________________ your trash in the bin.

Please ___________________ kind words with your classmates.

Let's make our classroom great together!

보기
throw
shout
use
don't

Weather Report

과제 확인 수행평가 과제를 확인해 보세요.

주제	일기 예보 대본 쓰기
내용	✔ 오늘의 날씨를 소개하기 ✔ 날씨에 맞는 조언을 포함하기
조건	✔ it과 there로 시작하는 문장을 각 한 개씩 포함하기 ✔ 조언의 문장은 <please + 동사> 또는 <don't + 동사>로 표현하기

예시 답변 다음 글을 소리 내어 읽으며 따라 써 보세요.

Good morning. Here is today's weather report.

It is very cold this morning.

There is a lot of snow on the street.

So please wear a warm coat and boots.

Have a great day, everyone!

Word Bank

- ☐ weather report 일기 예보
- ☐ street 거리
- ☐ wear (옷을) 입다
- ☐ boots 부츠, 장화

내 답변 아래 표현들을 활용해 내 답변을 완성해 보세요.

Good morning. Here is today's weather report.

It

There

So

Have a great day, everyone!

Word Bank

- [ ] fog 안개
- [ ] dark clouds 먹구름
- [ ] play inside 실내에서 놀다
- [ ] go to the park 공원에 가다
- [ ] heavy rain 많은 비, 폭우
- [ ] strong sunlight 강한 햇빛
- [ ] take an umbrella 우산을 챙기다
- [ ] put on sunscreen 선크림을 바르다

Checklist 내가 쓴 글을 보며 과제를 잘 했는지 평가해 보세요.

평가 요소		
1. 오늘의 날씨와 그 날씨에 맞는 조언을 포함했나요?	☐ Yes	☐ No
2. it과 there로 시작하는 문장을 포함했나요?	☐ Yes	☐ No
3. <please[don't]＋동사>를 사용하여 조언했나요?	☐ Yes	☐ No
4. 대소문자, 마침표, 철자가 올바른가요?	☐ Yes	☐ No

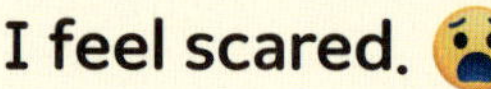 다음 글을 읽고, 떠오르는 장면을 아래 그림에 그려 완성해 보세요.

It is cloudy and rainy. 🌧️

There is a bird on the tree. 🐦

There is a butterfly on the bench. 🦋

Ouch! It is a bee. 🐝

It is on my nose. 👃

I feel scared. 😨

누적 테스트

A 괄호 안의 단어를 배열하여 문장을 완성하세요.

1 우리는 절대 거짓말하지 않아요. (never, we, lie)

2 그는 항상 웃어요. (smiles, always, he)

3 나는 나의 장난감 차를 상자 안에 두어요. (car, my, in, I, toy, the, box, put)

4 나는 나의 우산을 학교로 가져가요. (I, to, umbrella, school, take, my)

5 그는 보통 학교 끝나고 TV를 봐요. (he, TV, after, watches, usually, school)

B 보기의 단어를 활용하여 우리말을 영어 문장으로 쓰세요.

> **보기**
> break
> room
> basket
> clean
> bed
> the rule

6 나는 그것을 너의 방 안에 두고 갔어.

7 그는 자주 그의 책상을 청소해요.

8 우리는 절대 규칙들을 어기지 않아요.

9 나는 그 축구공을 바구니 안에 두어요.

10 그녀는 어제 그녀의 가방을 침대 위에 두고 갔어요.

C 밑줄 친 부분을 바르게 고쳐 문장을 다시 쓰세요.

11 We never <u>misses</u> school.

12 My mom never <u>use</u> bad words.

13 We always bring our textbooks <u>school</u>.

14 I put <u>on my bed my cap</u>.

15 She <u>her umbrella brought</u> to the playground.

D 우리말을 영어 문장으로 쓰세요.

16 그들은 자주 도서관에 가요. (library)

17 나는 보통 나의 친구들을 도와줘요. (friend)

18 그는 가끔 물건들을 잃어버려요. (thing)

19 그녀는 쿠키들을 식탁 위에 두었어요. (table)

20 나는 내 열쇠들을 가방 안에 두어요. (key)

 괄호 안의 단어를 배열하여 문장을 완성하세요.

1 Anna는 자주 친구들과 놀아요. (often, with, Anna, friends, plays)

2 그녀는 그녀의 책들을 선반에 두어요. (puts, shelf, her, she, on, books, the)

3 나는 학교 끝나고 집에서 과자들을 먹어요. (at, school, home, eat, snacks, I, after)

4 그는 일요일에 공원에서 조깅했어요. (he, jogged, the, on, park, Sunday, in)

5 나는 밤에 나의 방에서 게임을 했어요. (played, night, I, room, at, games, my, in)

B 〈보기〉의 단어를 활용하여 우리말을 영어 문장으로 쓰세요.

〈보기〉
study
play
library
smile
block

6 그들은 항상 웃어.

7 나는 나의 블록들을 침대 위에 두어요.

8 Mina는 가끔 축구를 해요.

9 그는 학교 끝나고 집에서 영어를 공부해요.

10 그녀는 어제 도서관에서 컴퓨터를 사용했어요.

C 밑줄 친 부분을 바르게 고쳐 문장을 다시 쓰세요.

11 I <u>putted</u> my cap on the table.

____

12 He <u>leaved</u> his toy on the bed yesterday.

____

13 They eat lunch at school <u>in</u> noon.

____

14 She brought her books <u>at</u> school.

____

15 John <u>his homework does</u> in his room.

____

D 우리말을 영어 문장으로 쓰세요.

16 나의 엄마는 꽃들을 꽃병 안에 두어요. (vase)

____

17 그는 항상 집에서 저녁을 먹어요. (eat)

____

18 나는 밤에 나의 침실에서 나의 머리를 빗어요. (brush)

____

19 우리는 주말마다 빵집에서 빵을 사요. (bakery)

____

20 그녀는 금요일마다 그녀의 방에서 TV를 봐요. (watch)

____

1 그는 그녀에게 꽃들을 줘요. (gives, flowers, her, he)

2 그녀는 항상 그녀의 친구들을 도와줘요. (helps, she, friends, always, her)

3 나의 엄마는 내게 간식들을 사줘요. (mom, snacks, me, buys, my)

4 그는 그의 모자를 의자 위에 두어요. (on, puts, chair, cap, his, he, the)

5 나는 나의 방에서 영어를 공부했어요. (studied, room, in, I, English, my)

보기
letter
card
gym
teddy bear
robot

6 나의 언니는 나에게 카드들을 만들어 줘요.

7 나는 나의 로봇들을 바구니 안에 두어요.

8 나의 친구는 나에게 편지들을 보내요.

9 나의 엄마는 나에게 곰 인형들을 사줘요.

10 그들은 저녁에 체육관에서 축구를 했어요.

C 밑줄 친 부분을 바르게 고쳐 문장을 다시 쓰세요.

11 My sister gives helpful tips <u>me</u>.

12 They <u>use never</u> bad words.

13 I <u>leaved</u> my toy car on the bed yesterday.

14 My grandmother sends <u>to me</u> postcards.

15 She <u>makes</u> bread for him yesterday.

D 우리말을 영어 문장으로 쓰세요.

16 나의 이모는 나에게 책들을 사줘요. (aunt)

17 나의 삼촌은 내게 돈을 보냈어요. (money)

18 Anna는 그녀의 친구들에게 쿠키들을 만들어 줘요. (cookie)

19 그녀는 학교 끝나고 자주 공원에서 놀아요. (at)

20 그는 자기 전에 욕실에서 그의 치아를 닦아요. (teeth)

괄호 안의 단어를 배열하여 문장을 완성하세요.

❶ 그는 나에게 수학을 가르쳐 줘요. (teaches, he, math, me)

❷ 나의 친구는 나를 행복하게 만들어요. (my, makes, happy, friend, me)

❸ 나의 오빠는 나에게 풍선들을 사주었어요. (brother, me, bought, my, balloons)

❹ 시끄러운 소음은 나를 긴장하게 만들어요. (make, noises, me, loud, nervous)

❺ 나는 주말마다 항상 농구를 해요. (always, weekends, basketball, on, I, play)

B **〈보기〉의 단어를 활용하여 우리말을 영어 문장으로 쓰세요.**

〈보기〉
helmets
jokes
card
snack
exercise

❻ 나는 그녀의 농담이 웃기다고 생각해요.

❼ 안전모는 당신을 안전하게 지켜줘요.

❽ 나의 오빠는 나에게 카드 한 장을 보냈어요.

❾ 운동은 나를 건강하게 유지시켜요.

❿ 나는 저녁 식사 후에 나의 방에서 간식들을 먹어요.

C 밑줄 친 부분을 바르게 고쳐 문장을 다시 쓰세요.

11 We <u>flowers put</u> in the vase.

12 My brother makes <u>I</u> angry.

13 The medal makes him <u>proudly</u>.

14 My mom makes <u>for me</u> breakfast.

15 She <u>rides sometimes</u> a bike to school.

D 우리말을 영어 문장으로 쓰세요.

16 아름다운 꽃들은 나를 행복하게 만들어요. (beautiful)

17 그는 나에게 도움이 되는 조언들을 줘요. (helpful)

18 나는 나의 책들을 책상 위에 두었어요. (put)

19 나쁜 꿈들은 그를 무섭게 만들었어요. (scared)

20 나는 오후에 도서관에서 수학을 공부해요. (afternoon)

 괄호 안의 단어를 배열하여 문장을 완성하세요.

1 우리는 그를 슈퍼맨이라고 불러요. (call, we, him, Superman)

2 나의 아빠는 나를 왕자님이라고 불러요. (me, my, calls, prince, a, dad)

3 그 유령은 우리를 무섭게 만들어요. (ghost, scared, the, makes, us)

4 나의 선생님은 나에게 숙제를 줘요. (teacher, me, homework, my, gives)

5 그는 자주 학교 끝나고 농구를 해요. (often, plays, school, after, he, basketball)

B 보기의 표현을 활용하여 우리말을 영어 문장으로 쓰세요.

보기
angel
captain
money
loud noises
rainy days

6 비 오는 날은 그녀를 슬프게 만들어요.

7 나의 이모는 자주 나에게 돈을 줘요.

8 우리는 그녀를 천사라고 불렀어요.

9 시끄러운 소음은 우리를 화나게 만들어요.

10 나의 친구들은 나를 그들의 주장이라고 불러요.

C 밑줄 친 부분을 바르게 고쳐 문장을 다시 쓰세요.

11 I called <u>a genius her</u>.

12 I put my keys <u>in</u> the table.

13 His songs will make <u>a star him</u>.

14 She gave a new toy <u>me</u> yesterday.

15 She will name <u>Jenny her doll</u>.

D 우리말을 영어 문장으로 쓰세요.

16 나는 나의 아기를 공주라고 불러요. (princess)

17 우리는 그녀를 우리의 리더로 만들었어요. (leader)

18 그 시험들은 그를 긴장하게 만들어요. (nervous)

19 나는 나의 강아지를 Winner라고 이름 지었어요. (name)

20 그녀는 일요일에 그녀의 방에서 공부해요. (Sunday)

 괄호 안의 단어를 배열하여 문장을 완성하세요.

1 그녀는 매우 사랑스러워 보여요. (looks, she, lovely, very)

2 그 개는 약간 나이 들어 보였어요. (old, dog, a, looked, the, little)

3 그들은 나를 공주라고 불러요. (a, call, me, they, princess)

4 그 고양이는 매우 귀여워 보여요. (cute, very, cat, looks, the)

5 나는 나의 모자들을 상자 안에 두어요. (put, caps, box, in, I, my, the)

B 보기의 단어를 활용하여 우리말을 영어 문장으로 쓰세요.

보기
full
name
cool
calm
call

6 나는 나의 아들을 James라고 이름 지었어요.

7 그들은 이제 배부른 느낌이 들어요.

8 나는 그녀를 Sweetie라고 부를 거예요.

9 너는 매우 멋져 보였어.

10 좋은 책들은 우리를 차분하게 유지시켜요.

C 밑줄 친 부분을 바르게 고쳐 문장을 다시 쓰세요.

11 We call <u>she</u> a hero.

12 I made <u>his</u> proud.

13 Jack feels <u>excitedly</u> now.

14 He looks <u>handsome very</u>.

15 She gave helpful tips <u>me</u> yesterday.

D 우리말을 영어 문장으로 쓰세요.

16 나는 약간 무서운 느낌이 들어요. (scared)

17 Sam은 매우 어려 보여요. (young)

18 그녀는 우리에게 수학을 가르쳐 줘요. (teach)

19 그는 항상 아침에 TV를 봐요. (watch)

20 나는 학교 끝나고 집에서 팬케이크를 먹어요. (pancakes)

A 괄호 안의 단어를 배열하여 문장을 완성하세요.

❶ 그는 나를 천재라고 불러요. (he, genius, a, me, calls)

❷ 그 의자는 매우 멋져 보여요. (looks, chair, cool, the, very)

❸ 그 파스타는 좋은 냄새가 나요. (pasta, great, smells, the)

❹ 그녀는 도서관에서 컴퓨터를 사용했어요. (in, used, computer, she, the, a, library)

❺ 그 아이스크림은 매우 달콤한 맛이 나요. (the, very, tastes, sweet, ice cream)

B 보기의 단어를 활용하여 우리말을 영어 문장으로 쓰세요.

보기
popcorn
candle
salty
fries
lemon

❻ 그 감자튀김은 안 좋은 냄새가 나요.

❼ 나의 고양이는 나를 행복하게 만들어요.

❽ 그녀는 나에게 양초들을 만들어 줘요.

❾ 그 팝콘은 짠 맛이 나요.

❿ 이 파스타는 레몬 같은 맛이 나요.

C 밑줄 친 부분을 바르게 고쳐 문장을 다시 쓰세요.

11 The chocolate <u>taste</u> delicious.

12 This cotton candy <u>looks a cloud</u>.

13 The soup doesn't <u>smells</u> good.

14 She <u>taked</u> an umbrella to school.

15 I <u>wash my hands always</u> in the bathroom before dinner.

D 우리말을 영어 문장으로 쓰세요.

16 그 샌드위치는 신선한 맛이 나요. (fresh)

17 그녀는 매우 피곤해 보여요. (tired)

18 이 쿠키들은 달콤한 냄새가 나요. (sweet)

19 그것은 매우 시큼한 맛이 나요. (sour)

20 그의 농담은 나를 화나게 만들었어요. (jokes)

1 그녀는 주말에 게을러져요. (lazy, weekends, on, she, gets)

2 그는 수업 시간 동안 배고파졌어요. (during, got, he, class, hungry)

3 Lily는 스타일이 매우 좋아 보여요. (stylish, looks, Lily, very)

4 그 초콜릿은 달콤한 냄새가 나요. (chocolate, sweet, smells, the)

5 그들은 저녁 식사 후에 배불러졌어요. (after, got, they, full, dinner)

B 보기의 표현을 활용하여 우리말을 영어 문장으로 쓰세요.

보기
rainy days
dance practice
star
hungry
bad words

6 그들은 그녀를 스타라고 불렀어요.

7 비 오는 날은 나를 피곤하게 만들어요.

8 그는 절대 나쁜 말을 사용하지 않아요.

9 나는 점심 식사 전에 배고파졌어요.

10 나는 춤 연습 후에 졸렸어요.

C 밑줄 친 부분을 바르게 고쳐 문장을 다시 쓰세요.

11 She <u>tired gets</u> in the evening.

12 I will <u>gets</u> better after some rest.

13 The salad <u>tastes like sour</u>.

14 He <u>eat</u> a sandwich at school at noon.

15 They got <u>famouser</u> after the show.

D 우리말을 영어 문장으로 쓰세요.

16 그들은 나를 Smiley라고 불러요. (call)

17 나의 친구는 나에게 엽서들을 보내 줘요. (postcard)

18 그는 매년 키가 더 커져요. (tall)

19 이 수프는 약간 짠 맛이 나요. (soup)

20 나의 여동생은 더 튼튼해졌어요. (strong)

A 괄호 안의 단어를 배열하여 문장을 완성하세요.

1 오늘은 금요일이에요. (is, today, it, Friday)

2 (날씨가) 약간 바람이 불어요. (is, a, windy, it, little)

3 화창한 날은 그를 행복하게 만들어요. (make, days, happy, him, sunny)

4 그 샐러드는 약간 이상한 맛이 나요. (a, salad, strange, tastes, little, the)

5 그녀는 연습으로 강해질 거예요. (with, strong, get, she, practice, will)

B 보기의 표현을 활용하여 우리말을 영어 문장으로 쓰세요.

보기
full
every day
foggy
sleepy
July

6 (날씨가) 안개가 매우 끼어 있어요.

7 7월 5일이에요.

8 그들은 점심 식사 후에 배부른 느낌이 들었어요.

9 나는 저녁 식사 후에 졸려요.

10 (날씨가) 매일 더 추워져요.

C 밑줄 친 부분을 바르게 고쳐 문장을 다시 쓰세요.

11 It <u>very stormy is</u>.

12 It <u>are</u> my birthday today.

13 The popcorn smells <u>greatly</u>.

14 She will name <u>Nemo her fish</u>.

15 He <u>bringed</u> his ball to the playground yesterday.

D 우리말을 영어 문장으로 쓰세요.

16 (날씨가) 구름이 매우 많이 끼어 있어요. (cloudy)

17 (날씨가) 너무 추웠어요. (cold)

18 그는 그의 친구들에게 양초들을 만들어 주었어요. (candle)

19 시끄러운 소음은 우리를 화나게 만들어요. (loud noises)

20 나는 가끔 학교 끝나고 빵을 먹어요. (eat)

1 공원에 잔디가 있어요. (there, grass, in, is, park, the)

2 정원에 꽃들이 있어요. (garden, there, flowers, the, are, in)

3 (날씨가) 오늘은 더 추워졌어요. (colder, it, got, today)

4 나의 친구들은 나를 영웅이라고 불러요. (call, a, friends, my, hero, me)

5 그는 춤 연습 후에 피곤해져요. (he, practice, gets, dance, tired, after)

B 보기의 단어를 활용하여 우리말을 영어 문장으로 쓰세요.

보기
some
field
sour
snowy
squirrel

6 (날씨가) 어제는 눈이 왔어요.

7 들판에 말 한 마리가 있어요.

8 그 레몬은 너무 시큼한 맛이 나요.

9 하늘에 구름들이 조금 있어요.

10 숲속에 많은 다람쥐들이 있어요.

C 밑줄 친 부분을 바르게 고쳐 문장을 다시 쓰세요.

11 She gets <u>sleep</u> after lunch.

12 My uncle gave a book <u>for</u> me.

13 There <u>is</u> some pencils on the desk.

14 She will <u>names</u> her daughter Ella.

15 There <u>are</u> a rainbow in the sky.

D 우리말을 영어 문장으로 쓰세요.

16 공원에 새들이 있어요. (bird)

17 나는 어제 나의 모자를 집에 두고 갔어요. (home)

18 어제는 그의 생일이었어요. (it)

19 언덕 위에 나무가 있어요. (hill)

20 식탁 위에 쿠키들이 몇 개 있어요. (cookie)

 괄호 안의 단어를 배열하여 문장을 완성하세요.

1. 너의 책을 펴라. (book, open, your)

2. 우리의 교실을 청소하자. (let's, classroom, clean, our)

3. (날씨가) 오늘은 바람이 너무 불어요. (too, today, is, it, windy)

4. 그는 어제 매우 멋져 보였어요. (looked, very, he, cool, yesterday)

5. 쓰레기를 쓰레기통에 버려라. (trash, throw, in, bin, the)

B 보기의 단어를 활용하여 우리말을 영어 문장으로 쓰세요.

보기

the walk
textbook
hands
garden
leader

6. 그 교과서를 덮어라.

7. 정원에 새들이 있어요.

8. 너의 손을 씻어라.

9. 그녀는 산책 후에 배고파졌어요.

10. 그들은 나를 그들의 리더로 만들었어요.

C 밑줄 친 부분을 바르게 고쳐 문장을 다시 쓰세요.

11 Please don't <u>writes</u> in your book.

12 Our teacher gave balloons <u>for</u> us.

13 There <u>are</u> some juice in the fridge.

14 Let's <u>colors</u> the pictures.

15 This pasta tastes <u>salt</u>.

D 우리말을 영어 문장으로 쓰세요.

16 그는 가끔 거짓말해요. (lie)

17 그 쿠키들을 먹지 말아라. (eat)

18 내일은 너희들의 점심 도시락들을 가져와라. (lunchbox)

19 그 빵은 달콤한 냄새가 나요. (bread)

20 그녀는 자기 전에 욕실에서 샤워를 해요. (shower)

어휘 리스트

UNIT 01 - 12

UNIT 01 · We always help our parents.

- [ ] **help** 동 돕다
- [ ] **use** 동 사용하다
- [ ] **smile** 동 웃다, 미소 짓다
- [ ] **listen** 동 (귀 기울여) 듣다
- [ ] **lie** 동 거짓말하다
- [ ] **lose** 동 잃어버리다
- [ ] **rule** 명 규칙
- [ ] **soccer** 명 축구
- [ ] **math** 명 수학
- [ ] **ride** 동 (탈 것을) 타다, 타고 가다
- [ ] **watch** 동 보다

UNIT 02 · They left us in the forest.

- [ ] **box** 명 상자
- [ ] **bag** 명 가방
- [ ] **bed** 명 침대
- [ ] **desk** 명 책상
- [ ] **shelf** 명 선반
- [ ] **basket** 명 바구니
- [ ] **table** 명 식탁, 탁자
- [ ] **vase** 명 꽃병

UNIT 03 · We saw the house in the forest at night.

- [ ] **tooth** 명 치아 (복수형 teeth)
- [ ] **hair** 명 머리카락
- [ ] **homework** 명 숙제
- [ ] **snack** 명 간식
- [ ] **breakfast** 명 아침 식사
- [ ] **lunch** 명 점심 식사
- [ ] **on weekends** 주말마다
- [ ] **on Sundays** 일요일마다
- [ ] **on Saturday** 토요일에
- [ ] **play games** 게임을 하다
- [ ] **play basketball** 농구를 하다
- [ ] **take a shower** 샤워를 하다
- [ ] **buy bread** 빵을 사다
- [ ] **write stories** 이야기를 쓰다
- [ ] **study** 동 공부하다

UNIT 04 The old lady gives them food.

- pencil — 명 연필
- flower — 명 꽃
- puzzle — 명 퍼즐
- comic book — 만화책
- card — 명 (생일 등의) 카드
- money — 명 돈
- ice cream — 아이스크림
- postcard — 명 엽서
- crayon — 명 크레용, 크레파스
- candle — 명 양초
- balloon — 명 풍선
- pancake — 명 팬케이크

UNIT 05 She makes Hansel fat.

- sad — 형 슬픈
- nervous — 형 긴장한, 초조한
- angry — 형 화난
- proud — 형 자랑스러운, 뿌듯한
- scared — 형 무서워하는, 겁먹은
- happy — 형 행복한, 기쁜
- exercise — 명 운동

- painting — 명 그림
- ghost — 명 유령
- joke — 명 농담
- calm — 형 차분한, 침착한
- healthy — 형 건강한
- funny — 형 웃기는, 재미있는
- good — 형 좋은, 괜찮은
- exciting — 형 신나는
- beautiful — 형 아름다운
- safe — 형 안전한
- upset — 형 화난, 속상한

UNIT 06 They call her a witch.

- star — 명 스타, 별
- princess — 명 공주
- captain — 명 주장
- angel — 명 천사
- hero — 명 영웅
- genius — 명 천재
- prince — 명 왕자
- leader — 명 리더

UNIT 07 — You look very thin.

- [ ] **handsome** 형 잘생긴, 멋진
- [ ] **cute** 형 귀여운
- [ ] **tall** 형 키가 큰
- [ ] **short** 형 키가 작은
- [ ] **slim** 형 날씬한
- [ ] **pretty** 형 예쁜
- [ ] **old** 형 나이 든
- [ ] **cool** 형 멋진, 시원한
- [ ] **young** 형 어린, 젊은
- [ ] **lovely** 형 사랑스러운
- [ ] **ugly** 형 못생긴
- [ ] **hard** 형 딱딱한, 단단한
- [ ] **full** 형 배부른

UNIT 08 — You smell delicious.

- [ ] **sweet** 형 달콤한, 단
- [ ] **fresh** 형 신선한
- [ ] **salty** 형 짠 맛의, 짭조름한
- [ ] **spicy** 형 매운
- [ ] **bad** 형 안 좋은, 나쁜
- [ ] **sour** 형 시큼한, (맛이) 신

- [ ] **cookie** 명 쿠키
- [ ] **popcorn** 명 팝콘
- [ ] **sandwich** 명 샌드위치
- [ ] **pasta** 명 파스타
- [ ] **soup** 명 수프
- [ ] **strange** 형 이상한
- [ ] **oily** 형 기름기가 많은, 느끼한
- [ ] **great** 형 훌륭한, 좋은
- [ ] **chocolate** 명 초콜릿
- [ ] **milk** 명 우유

UNIT 09 — Hansel got scared.

- [ ] **hungry** 형 배고픈
- [ ] **dizzy** 형 어지러운
- [ ] **strong** 형 튼튼한
- [ ] **sick** 형 아픈
- [ ] **cold** 형 추운
- [ ] **tired** 형 피곤한
- [ ] **lazy** 형 게으른
- [ ] **better** 형 더 건강한, 더 나은
- [ ] **sleepy** 형 졸린, 졸음이 오는
- [ ] **famous** 형 유명한
- [ ] **big** 형 (크기·수치가) 큰

busy	형 바쁜

UNIT 10 It is stormy today.

cloudy	형 구름이 낀
snowy	형 눈이 오는
rainy	형 비가 오는
windy	형 바람이 부는
foggy	형 안개가 낀
sunny	형 화창한
clear	형 (날씨가) 맑은
warm	형 따뜻한
hot	형 더운
dry	형 건조한
Friday	명 금요일
July	명 7월
birthday	명 생일

UNIT 11 There is gold in the house.

butterfly	명 나비
sheep	명 양
tree	명 나무

bird	명 새
grass	명 잔디, 풀
nest	명 둥지
squirrel	명 다람쥐
duck	명 오리
mountain	명 산
river	명 강
rainbow	명 무지개
cloud	명 구름
many	형 (수가) 많은
long	형 (길이·거리가) 긴
forest	명 숲
pond	명 연못

UNIT 12 Let's leave the forest.

open	동 열다
clean	동 청소하다
push	동 밀다
close	동 닫다
color	동 색칠하다
break	동 부수다, 깨다
lunchbox	명 점심 도시락
answer	명 답, 대답

☐ **phone**	몡 전화기	
☐ **snack**	몡 간식	
☐ **wash**	동 씻다	
☐ **finish**	동 끝내다	
☐ **write**	동 (글을) 적다	
☐ **bring**	동 가져오다, 데려오다	

MEMO

대한민국 초등 어휘서의 기준

체계적인 쓰기 훈련으로 초등 어휘 완성

* 휴대용 미니북 별책 제공

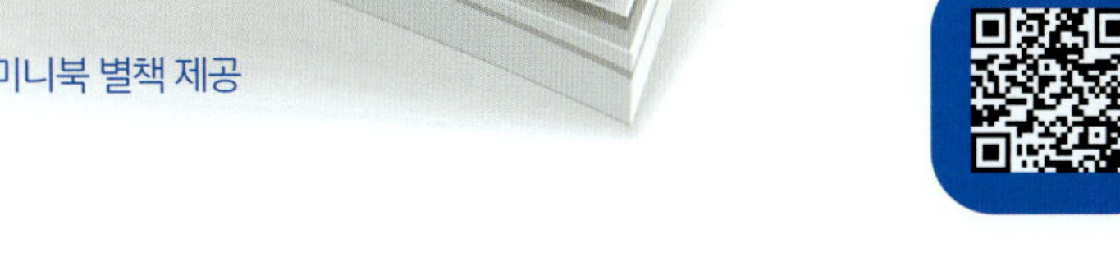

1 새 교육과정에 따른 쓰기 활동 강화

단어 및 문장 쓰기 활동을 통한
암기력 향상과 쓰기 자신감 강화

2 반복 학습이 가능한 체계적인 설계

예문 내 어휘 누적 제시와 누적 테스트를 통한
반복 훈련으로 학습 완성도 향상

3 다양한 부가자료 및 디지털 서비스

빈틈없는 암기 학습을 위한 휴대용 미니북 및
효율적 학습을 위한 디지털 서비스 제공

BOOK LIST

도/서/목/록

🔗 해당 교재와 연계되는 시리즈

달달 쓰고 곰곰 생각하는

달곰한

SENTENCE
WRITING

정답

기본문의 확장

2 LEVEL

NE능률

UNIT 01

We always help our parents.

'I cook fast.'나 'I cook dinner fast.'와 같은 문장에서 fast는 동사 cook을 꾸며 요리를 '빠르게' 한다는 의미를 더해주죠. 이처럼 동작을 꾸며 주는 말은 보통 동사 뒤나 문장 끝에 와요. 그런데 **'자주', '가끔'처럼 얼마나 자주 일어나는지 그 빈도를 나타내는 말은 동작 동사 앞에 와요.** 빈도를 나타내는 부사는 다른 부사와 위치가 다르므로 구분해서 알아두어야 해요.

주어	부사	동사	목적어
We 우리는	**always** 항상	**help** 도와요	**our parents.** 우리의 부모님을
	usually 보통		
	often 자주		
	sometimes 가끔		
	never 절대 ~하지 않다		

강의 & 음원

Word Bank 이미지를 보고 알맞은 단어에 체크하세요.

TOPIC: School Life

- ☐ lie / ☑ help
- ☑ use / ☐ listen
- ☑ smile / ☐ lose
- ☑ listen / ☐ smile
- ☐ use / ☑ lie
- ☐ help / ☑ lose

12 LEVEL 2

STEP 1 문장 익히기
우리말을 보고 영어 문장을 완성하세요.

주어	부사	동사

① I / usually / listen
나는 / 보통 / 들어요

② I / always / smile
나는 / 항상 / 웃어요

③ I / never / lie
나는 / 절대 ~하지 않다 / 거짓말해요

주어	부사	동사	목적어

회색으로 표시된 부분은 따라 쓰며 문장을 완성하세요.

④ We / never / use / bad words
우리는 / 절대 ~하지 않다 / 사용해요 / 나쁜 말을

⑤ You / sometimes / lose / things
너는 / 가끔 / 잃어버려 / 물건들을

⑥ They / often / help / their friends
그들은 / 자주 / 도와줘요 / 그들의 친구들을

Tip! '그들의'는 their로 써요.

UNIT 01 13

STEP 2 문장 만들기
우리말을 영어 문장으로 쓰세요.

Word Bank
the rule
soccer
math

①  나는 항상 학교에서 점심을 먹어요.
I always have **lunch** at school.

② 우리는 가끔 축구를 해요.
We sometimes play **soccer**.
Tip! 운동 이름을 쓸 때 그 앞에 a(n)이나 the를 붙이지 않아요.

③ 나는 자주 나의 책상을 청소해요.
I often clean **my desk**.

④ 나는 보통 저녁 식사 후에 수학을 공부해요.
I usually study **math** after dinner.

⑤ 그들은 절대 규칙들을 어기지 않아요.
They never break **the rules**.

⑥ 그들은 절대 학교를 빠지지 않아요.
They never miss **school**.
Tip! school(학교)을 '공부'를 하는 본래 목적으로 쓸 때는 the를 붙이지 않아요.

14 LEVEL 2

STEP 3 문장 확장하기
설명을 읽고, 우리말을 영어 문장으로 쓰세요.

정답 2쪽

주의해야 할 동사의 모양 변화
주어가 he, she, it일 때는 동사의 모양이 바뀌죠. 그런데 주어와 동사 사이에 빈도를 나타내는 말이 올 경우 동사의 모양 변화를 놓치기 쉬우니 주의하세요.

He usually help**s** his mother. (그는 보통 그의 엄마를 도와요)
She sometimes miss**es** the bus. (그녀는 가끔 버스를 놓쳐요)

Word Bank
ride
watch

① 그는 절대 아침에 TV를 보지 않아요.
He **never watches** TV in the morning.

② 그녀는 가끔 학교에 그녀의 자전거를 타고 가요.
She **sometimes rides her bike** to school.

서술형
다음은 방과 후 활동에 관한 설문에 Mina가 답한 내용입니다. 설문 내용을 참고하여 문장을 완성해 보세요.

1 (1) I play with friends.
☐ never ☐ sometimes ☑ often ☐ usually ☐ always

2 → She **often plays with friends** after school.

3 (2) I go to the library.
☑ never ☐ sometimes ☐ often ☐ usually ☐ always

4 → She **never goes to the library** after school.

1 나는 친구들과 놀아요.
2 그녀는 자주 학교 끝나고 친구들과 놀아요.
3 나는 도서관에 가요.
4 그녀는 절대 학교 끝나고 도서관에 가지 않아요.

UNIT 01 15

UNIT 02

They left us in the forest.

<주어＋동사＋목적어> 뒤에는 기본 문장에 의미를 더해 주는 다양한 장소 표현이 올 수 있어요. **특히, '무엇을 어디에 두거나 어디로 가져가다'는 뜻의 동작 동사들이 장소 표현과 함께 자주 쓰여요.** 대표적인 동사들은 put(두다), leave(두고 가다), take(가져가다), bring(가져오다)이에요.

주어	동사	목적어	부사구 (장소)
They 그들은	left 두고 갔어요	us 우리를	in the forest. 숲속에

주어	동사	목적어	부사구 (장소)
They 그들은	took 데려갔어요	us 우리를	to the forest. 숲으로

강의 & 음원

Word Bank 이미지를 보고 알맞은 단어에 체크하세요.

TOPIC: My Things

- [ ] shelf
- [x] box

- [ ] desk
- [x] bag

- [x] bed
- [ ] basket

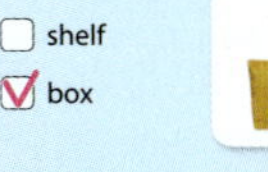

- [ ] box
- [x] desk

- [ ] bed
- [x] shelf

- [x] basket
- [ ] bag

STEP 1 문장 익히기

우리말을 보고 영어 문장을 완성하세요.
필요할 경우 동사의 모양을 바꾸세요.

주어	동사	목적어	부사구 (장소)

① I / put / my teddy bear / on the bed
나는 / 두어요 / 나의 곰 인형을 / 침대 위에
Tip! 위치를 나타내는 대표적인 말은 in(~안에), on(~위에)이 있어요.

② I / put / my blocks / in the basket
나는 / 두어요 / 나의 블록들을 / 바구니 안에
Tip! 위치는 서로 아는 장소를 말할 때가 많으므로 the와 함께 써요.

③ He / puts / his toy car / in the bag
그는 / 두어요 / 그의 장난감 차를 / 가방 안에

④ He / leaves / the robot / on the desk
그는 / 두고 가요 / 그 로봇을 / 책상 위에

⑤ She / leaves / the soccer ball / in the box
그녀는 / 두고 가요 / 그 축구공을 / 상자 안에

⑥ She / left / the board games / on the shelf
그녀는 / 두고 갔어요 / 그 보드게임을 / 선반 위에
Tip! 이미 지나간 일을 나타낼 때 동사 leave는 left로 바꿔 써요.

STEP 2 문장 만들기

우리말을 영어 문장으로 쓰세요.
필요할 경우 동사의 모양을 바꾸세요.

Word Bank
the table
the vase

① 
나는 나의 모자를 의자 위에 두어요.
I put my cap on the chair

② 우리는 꽃들을 꽃병 안에 두어요.
We put flowers in the vase

③ 
그녀는 그녀의 우산을 공원으로 가져가요.
She takes her umbrella to the park
Tip! take는 '(멀리) 가져가다, 데려가다'의 뜻으로 이동의 방향을 나타내는 to(~로)와 함께 자주 쓰여요.

④ 나는 나의 책들을 선반 위에 두어요.
I put my books on the shelf
Tip! shelf는 물건을 올려두는 평평한 면, 즉 '선반'을 의미하므로 on을 써요.

⑤ 그는 항상 그의 교과서들을 학교로 가져와요.
He always brings his textbooks to school
Tip! bring은 '(말하는 사람 쪽으로 가까이) 가져오다, 데려오다'라는 의미로 to(~로)와 함께 자주 쓰여요.

⑥ 
나는 나의 열쇠들을 식탁 위에 두고 갔어요.
I left my keys on the table

STEP 3 문장 확장하기

설명을 읽고, 우리말을 영어 문장으로 쓰세요.

정답 3쪽

이미 지나간 일 표현하기 1

이미 지나간 일을 나타낼 때는 보통 동사 끝에 -ed를 붙여요. 그런데 이 규칙을 따르지 않고 전혀 다른 모양으로 변하는 동사들도 많아요. 어떤 주어가 와도 지난 일을 나타내는 동사의 형태는 항상 동일해요.

* leave - left(두고 갔다)
* take - took(가져갔다)
* put - put(두었다)
* bring - brought(가져왔다)
* lose - lost(잃어버렸다)
* do - did(했다)

① 나는 어제 나의 가방을 버스에 두고 갔어요.
I left my bag on the bus yesterday.

② 나의 엄마는 쿠키들을 식탁 위에 두었어요.
My mom put cookies on the table

③ 그녀가 그녀의 공을 운동장으로 가져왔어요.
She brought her ball to the playground.

서술형 우리말을 보고, Anna와 엄마가 곰 인형을 찾고 있는 대화를 완성해 보세요.

Anna: Mom, I can't find my teddy bear. (엄마, 저는 제 곰 인형을 찾을 수가 없어요.)

Mother: I left it in your room yesterday.
(내가 어제 그것을 너의 방 안에 두고 갔어.)

Anna: I know. I put it on my bed this morning.
(알아요.) (제가 오늘 아침에 그것을 제 침대 위에 두었어요.)

But now it's not there. (하지만 그것은 지금 거기에 없어요.)

Mother: Really? Let's find it together. (정말? 같이 그것을 찾아보자.)

UNIT 03

We saw the house in the forest at night.

<주어＋동사＋목적어> 뒤에 시간 표현과 장소 표현이 동시에 오면 문장이 길어져요. 우리말은 이런 더해지는 표현의 위치가 비교적 자유롭지만, 영어에서는 순서가 정해져 있어요. **보통 장소를 먼저 쓰고 그 다음에 시간 표현을 써요.**

주어	동사	목적어	부사구 (장소)	
We 우리는	saw 보았어요	the house 그 집을	in the forest. 숲속에서	

주어	동사	목적어	부사구 (장소)	부사구 (시간)
We 우리는	saw 보았어요	the house 그 집을	in the forest 숲속에서	at night. 밤에

강의 & 음원

Word Bank 이미지를 보고 알맞은 단어에 체크하세요.

TOPIC: My Daily Life

- [ ] lunch
- [x] teeth

- [x] hair
- [ ] snack

- [ ] breakfast
- [x] homework

- [ ] homework
- [x] snack

- [ ] teeth
- [x] breakfast

- [x] hair
- [x] lunch

STEP 1 문장 익히기

우리말을 보고 영어 문장을 완성하세요. 필요할 경우 동사의 모양을 바꾸세요.

주어	동사	목적어	부사구 (장소)	부사구 (시간)

① I eat / breakfast / at home / in the morning
나는 먹어요 / 아침을 / 집에서 / 아침에
Tip 식사 앞에는 the를 붙이지 않아요.

② I do / my homework / in my room / in the evening
나는 해요 / 나의 숙제를 / 나의 방에서 / 저녁에
Tip '나의 숙제를 하다'는 'do my homework'로 써요.

③ He eats / lunch / at school / at noon
그는 먹어요 / 점심을 / 학교에서 / 낮 12시에

④ He eats / snacks / at the park / after school
그는 먹어요 / 간식들을 / 공원에서 / 학교 끝나고

⑤ She brushes / her teeth / in the bathroom / after dinner
그녀는 닦아요 / 그녀의 치아를 / 욕실에서 / 저녁 식사 후에
Tip '(치아를) 닦다', '(머리를) 빗질하다'는 둘 다 동사 brush를 써요.

⑥ She brushes / her hair / in her bedroom / before bed
그녀는 빗질해요 / 그녀의 머리를 / 그녀의 침실에서 / 자기 전에
Tip '자기 전에'는 before bed로 표현해요.

STEP 2 문장 만들기

우리말을 영어 문장으로 쓰세요. 필요할 경우 동사의 모양을 바꾸세요.

Word Bank
on weekends
on Sundays
on Saturday

play games
play basketball
take a shower
buy bread
write stories
study

① 나는 **토요일에** 도서관에서 **공부해요.**
I study in the library on Saturday

② 나는 **주말마다** 빵집에서 **빵을 사요.**
I buy bread at the bakery on weekends

③ 그들은 저녁에 체육관에서 **농구를 했어요.**
They played basketball in the gym in the evening

④ 그녀는 **일요일마다** 그녀의 방에서 **이야기를 써요.**
She writes stories in her room on Sundays

⑤ 그는 저녁 식사 전에 욕실에서 **샤워를 했어요.**
He took a shower in the bathroom before dinner

⑥ 그는 오후에 거실에서 **게임을 했어요.**
He played games in the living room in the afternoon

STEP 3 문장 확장하기

설명을 읽고, 우리말을 영어 문장으로 쓰세요.

정답 4쪽

이미 지나간 일 표현하기 2

동작 동사의 과거형 모양은 보통 동사 끝에 -ed를 붙여 만들어요. 그런데 동사의 마지막 철자에 따라 조금 다르게 바뀌기도 해요.

1. -e로 끝나는 동사	like → liked	use → used
2. '자음＋y'로 끝나는 동사	cry → cried	study → studied
3. '모음 1개＋자음 1개'로 끝나는 동사	plan → planned	jog → jogged

① 나는 어제 도서관에서 컴퓨터를 사용했어요.
I used a computer in the library yesterday.

② 나는 학교 끝나고 집에서 영어를 공부했어요.
I studied English at home after school.

③ 우리는 아침에 공원에서 조깅했어요.
We jogged in the park in the morning.

서술형 우리말을 보고, 괄호 안의 단어를 사용하여 일기를 완성해 보세요.

Dear Diary, (일기장에게)
I watched a robot show at the museum yesterday. *(watch, show)*
(나는 어제 박물관에서 로봇 쇼를 봤어요.)
I showed my robot pictures to my friends today. *(show, picture)*
(나는 오늘 나의 친구들에게 내 로봇 사진들을 보여줬어요.)
It was really fun! (그것은 정말 재미있었어요!)

UNIT 04

The old lady gives them food.

보통 동작의 대상이 되는 목적어는 한 개가 오는 경우가 많지만, **어떤 동사들은 두 개의 목적어를 써야 뜻이 완전해져요.** 이런 동사들은 '~에게 …을 해주다'라는 의미를 가지고 있어요. 이때 사람 목적어가 먼저 오고, 그다음에 사물 목적어가 오도록 그 순서에 주의해야 해요.

주어	동사	목적어 (사람)	목적어 (사물)
The old lady 그 나이 든 아주머니는	gives 줘요	them 그들에게	food. 음식을
	buys (~에게 …을) 사주다		
	makes (~에게 …을) 만들어 주다		
	sends (~에게 …을) 보내 주다		

Word Bank
이미지를 보고 알맞은 단어에 체크하세요.

TOPIC: Birthday Gifts

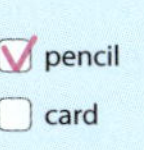
- ☑ pencil
- ☐ card

- ☐ money
- ☑ flower

- ☑ puzzle
- ☐ comic book

- ☐ flower
- ☑ comic book

- ☑ card
- ☐ puzzle

- ☐ pencil
- ☑ money

STEP 1 문장 익히기
우리말을 보고 영어 문장을 완성하세요. 필요할 경우 동사의 모양을 바꾸세요.

주어	동사	목적어 (사람)	목적어 (사물)

① My mom / buys / me / puzzles
나의 엄마는 / 사줘요 / 나에게 / 퍼즐들을

② My dad / buys / me / comic books
나의 아빠는 / 사줘요 / 나에게 / 만화책들을

③ My sister / gives / me / flowers
나의 언니는 / 줘요 / 나에게 / 꽃들을

④ My brother / gave / me / pencils
나의 오빠는 / 주었어요 / 나에게 / 연필들을

⑤ My grandmother / made / me / cards
나의 할머니는 / 만들어 주었어요 / 나에게 / 카드들을

⑥ My grandfather / sent / me / money
나의 할아버지는 / 보내 주었어요 / 나에게 / 돈을

Tip! 이미 지나간 일을 나타낼 때 전혀 다른 모양으로 변하는 동사들이 있어요.
- give - gave
- make - made
- send - sent

Tip! 돈은 셀 수 없는 명사로 뒤에 -s를 붙이지 않아요.

STEP 2 문장 만들기
우리말을 영어 문장으로 쓰세요. 필요할 경우 동사의 모양을 바꾸세요.

Word Bank
ice cream
postcard
crayon
candle
balloon
pancakes

① 그녀는 나에게 크레용들을 사주었어요.
She bought me crayons.
Tip! 이미 지나간 일을 나타낼 때 buy는 bought로 나타내요.

② 그는 나에게 아이스크림을 사주었어요.
He bought me ice cream.
Tip! ice cream은 셀 수 없는 명사로 앞에 an을 붙이지 않아요.

③ 나의 이모는 나에게 양초를 주었어요.
My aunt gave me a candle.

④ 나의 삼촌은 나에게 풍선을 주었어요.
My uncle gave me a balloon.

⑤ 나의 친구는 나에게 엽서들을 보내 줘요.
My friend sends me postcards.

⑥ 나의 오빠는 나에게 팬케이크를 만들어 줘요.
My brother makes me pancakes.

정답 5쪽

STEP 3 문장 확장하기
설명을 읽고, 같은 뜻이 되도록 문장을 완성하세요.

사람·사물 목적어의 순서가 바뀌는 경우
'~에게 …을 해주다'라고 표현할 때 보통 목적어는 <사람 + 사물>의 순서로 와요. 그런데 사물이 사람보다 먼저 올 수도 있어요. 사물이 먼저 올 때는 사람 앞에 '~에게(to), ~을 위해(for)' 등의 말이 붙어야 해요.

She makes me breakfast. (그녀는 나에게 아침을 만들어 줘요.)
→ **She makes breakfast for me.** (그녀는 나를 위해 아침을 만들어 줘요.)

① They sent their grandmother a letter. (그들은 그들의 할머니께 편지를 보냈어요.)
→ They sent **a letter** to **their grandmother**

② He often teaches me chess. (그는 자주 나에게 체스를 가르쳐 줘요.)
→ He often teaches **chess** to **me**

③ She makes her friend cookies. (그녀는 그녀의 친구에게 쿠키를 만들어 줘요.)
→ She makes **cookies** for **her friend**.

서술형
우리말을 보고, 보기의 단어를 사용하여 선생님을 소개하는 글을 완성해 보세요.

보기
helpful   teach   tips   math

This is my teacher, Ms. Smith. (이분은 나의 스미스 선생님이에요.)
She teaches me math.
[She teaches math to me.]
(그녀는 나에게 수학을 가르쳐 줘요.)
She gives me helpful tips.
[She gives helpful tips to me.]
(그녀는 나에게 도움이 되는 조언들을 줘요.)

She is my favorite teacher!
(그녀는 나의 가장 좋아하는 선생님이에요!)

UNIT 05

She makes Hansel fat.

<주어 + 동사 + 목적어>의 기본 문장 뒤에 형용사가 더해지는 경우가 있어요. 이때 형용사는 목적어의 상태를 설명해 주는 말로 '보어'라고 해요. 보어가 없으면 문장의 뜻이 완전하지 않게 돼요. 이처럼 목적어와 형용사를 함께 쓰는 동사는 정해져 있으니, 자주 쓰이는 동사를 외워 두어야 해요.

주어	동사	목적어	보어 (형용사)
She 그녀는	makes 만들어요	Hansel 헨젤을	fat. 뚱뚱한
	keeps (~을 …하게) 유지시키다		
	finds (~이 …하다고) 생각하다		

Word Bank 이미지를 보고 알맞은 단어에 체크하세요.
TOPIC: Feelings

- [ ] happy
- [✓] sad

- [✓] nervous
- [ ] angry

- [✓] angry
- [ ] proud

- [ ] nervous
- [✓] proud

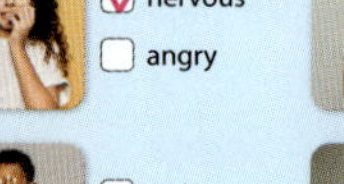
- [ ] sad
- [✓] scared

- [✓] happy
- [ ] scared

STEP 1 문장 익히기

우리말을 보고 영어 문장을 완성하세요.
필요할 경우 동사의 모양을 바꾸세요.

주어	동사	목적어	보어 (형용사)

Tip! 주어가 하나를 나타낼 때에는 동사에 -(e)s 를 붙여야 해요.

1. My dog 나의 강아지는 | makes 만들어요 | me 나를 | happy 행복한 .
2. Tests 시험은 | make 만들어요 | me 나를 | nervous 긴장한 .
3. The medal 그 메달은 | makes 만들어요 | me 나를 | proud 자랑스러운 .
4. Loud noises 시끄러운 소음은 | make 만들어요 | me 나를 | angry 화난 .
5. Rainy days 비 오는 날은 | make 만들어요 | me 나를 | sad 슬픈 .
6. Bad dreams 나쁜 꿈은 | make 만들어요 | me 나를 | scared 무서워하는 .

STEP 2 문장 만들기

우리말을 영어 문장으로 쓰세요.
필요할 경우 동사의 모양을 바꾸세요.

Word Bank
exercise
painting
ghost
jokes
●●●
calm
healthy
funny
good
exciting
beautiful

1. 
그 유령은 나를 무섭게 만들었어요.
The ghost made me scared.

2. 
좋은 책들은 나를 차분하게 유지시켜요.
Good books keep me calm.

3. 
그 아름다운 그림들은 나를 행복하게 만들었어요.
The beautiful paintings made me happy.

4. 
운동은 나를 건강하게 유지시켜요.
Exercise keeps me healthy.

5. 
나는 그의 농담이 웃기다고 생각해요.
I find his jokes funny.
Tip! find는 '~을 찾다'라는 뜻이기도 하면서, '~이 …하다고 생각하다'의 의미도 있어요.

6. 
그녀는 그의 노래가 신난다고 생각했어요.
She found his song exciting.
Tip! 이미 지나간 일을 나타낼 때 동사 find는 found로 바꿔 써요.

STEP 3 문장 확장하기

설명을 읽고, 우리말을 영어 문장으로 쓰세요.

정답 6쪽

사람 목적어의 다양한 형태

우리말에서는 '그녀를'처럼 단어 끝에 오는 조사만 바꾸면 목적어가 되지만, 영어는 단어의 형태가 완전히 달라져요. 명사를 대신하는 말(대명사)이 목적어로 쓰일 때의 형태를 따로 기억해 두세요.

주어	I	you	he	she	it	we	they
목적어	me	you	him	her	it	us	them

I often make **her** angry. (나는 자주 그녀를 화나게 만들어요.)
My kids made **me** proud. (나의 아이들은 나를 자랑스럽게 만들었어요.)

Word Bank
safe
upset

1. 안전모는 우리를 안전하게 지켜줘요.
Helmets keep ___ **us safe** ___ .

2. 그는 그들을 긴장하게 만들어요.
He makes ___ **them nervous** ___ .

3. 그의 친구는 그를 화나게 만들었어요.
His friend made him upset.

서술형 우리말을 보고, 괄호 안의 단어를 사용하여 요거트 광고를 완성해 보세요.

Eat fresh yogurt! (신선한 요거트를 드세요!)
It keeps you healthy. (healthy)
(그것은 당신을 건강하게 유지시켜요.)
It makes you strong. (strong)
(그것은 당신을 튼튼하게 만들어 줘요.)

UNIT 06

They call her a witch.

어떤 동사는 목적어 뒤에 명사를 하나 더 붙일 수 있어요. 목적어 뒤에 오는 명사는 그 앞에 쓰인 목적어가 누구인지, 또는 무엇인지를 알려줘요. 겉으로 보기에 목적어가 두 개처럼 보이나, 사실 두 번째 명사는 앞에 있는 목적어를 설명해 주는 보어예요. 이렇게 쓰이는 동사들은 정해져 있으니 암기해 두면 편해요.

주어	동사	목적어	보어 (명사)
They 그들은	call 불러요	her 그녀를	a witch. 마녀라고

name (~을 -로) 이름 짓다

make (~을 -로) 만들다

Word Bank 이미지를 보고 알맞은 단어에 체크하세요.

TOPIC: Nicknames

- [ ] hero
- [✓] star

- [ ] genius
- [✓] princess

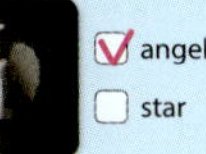
- [✓] captain
- [ ] angel

- [✓] angel
- [ ] star

- [ ] princess
- [✓] hero

- [✓] genius
- [ ] captain

STEP 1 문장 익히기

우리말을 보고 영어 문장을 완성하세요. 필요할 경우 동사의 모양을 바꾸세요.

주어	동사	목적어	보어 (명사)

1

| I 나는 | call 불러요 | him 그를 | a hero 영웅이라고 |

> Tip! 보통 명사가 한 명이거나 하나일 때는 그 앞에 a(n)을 붙여요.

2

| We 우리는 | call 불러요 | him 그를 | our captain 우리의 주장이라고 |

3

| He 그는 | calls 불러요 | her 그녀를 | an angel 천사라고 |

> Tip! 명사의 첫소리가 a, e, i, o, u로 시작하면 명사 앞에 an을 붙여요.

4

| I 나는 | called 불렀어요 | my teacher 나의 선생님을 | a genius 천재라고 |

5

| She 그녀는 | called 불렀어요 | her brother 그녀의 남동생을 | a star 스타라고 |

6

| They 그들은 | called 불렀어요 | my sister 나의 여동생을 | a princess 공주라고 |

STEP 2 문장 만들기

우리말을 영어 문장으로 쓰세요. 필요할 경우 동사의 모양을 바꾸세요.

Word Bank
Superman
prince
leader

1 

나의 엄마는 나를 왕자라고 불러요.

My mom calls me a prince.

2 

그의 노래들은 그를 스타로 만들었어요.

His songs made him a star.

3 

우리는 Kate를 우리의 리더로 만들었어요.

We made Kate our leader.

> Tip! 사람이나 나라 이름처럼 하나뿐인 이름은 첫 글자를 대문자로 쓰고 그 앞에 a(n)이나 the를 안 붙여요.

4 

나는 나의 딸을 Ella라고 이름 지었어요.

I named my daughter Ella.

5 

나의 친구들은 나를 슈퍼맨이라고 불렀어요.

My friends called me Superman.

6 

그는 그의 강아지를 Winner라고 이름 지었어요.

He named his dog Winner.

STEP 3 문장 확장하기

정답 7쪽

설명을 읽고, 우리말을 영어 문장으로 쓰세요.

> **앞으로 일어날 일을 나타내는 will**
> 앞으로 일어날 일을 말할 때는 동작 동사 앞에 will을 붙여요. 어떤 주어가 와도 상관없이 will을 쓰고 뒤의 동사는 원래 모양으로 써요.
> I will name my baby Jenny. (나는 나의 아기를 제니라고 이름 지을 거예요.)
> His amazing voice will make him a star. (그의 놀라운 목소리는 그를 스타로 만들 거예요.)

1 나는 너를 Sunny라고 부를게.

I ___will call___ you Sunny.

2 우리 가족은 그 물고기를 Nemo라고 이름 지을 거예요.

My family will name the fish Nemo.

서술형 주어진 조건과 정보를 사용하여 나의 다양한 별명에 관한 글을 완성해 보세요.

> 조건
> 동사 call을 사용하되 필요시 동사의 모양을 바꿀 것

나의 다양한 별명
- 친구들 - Smiley
- 선생님 - idol
- 가족 - Sweetie

1 I have many nicknames.
2 I smile a lot.
So my friends ___call me Smiley___
3 I dance well.
So my teacher ___calls me an idol___
4 I am kind.
So my family ___calls me Sweetie___

1 나는 많은 별명들을 가지고 있어요.
2 나는 많이 웃어요. 그래서 나의 친구들은 나를 스마일리라고 불러요.
3 나는 춤을 잘 춰요. 그래서 나의 선생님은 나를 아이돌이라고 불러요.
4 나는 친절해요. 그래서 우리 가족은 나를 스위티라고 불러요.

정답 **7**

UNIT 07

You look very thin.

주어의 상태나 느낌을 말할 때, 사실 그대로 말하기보다는 '~하게 보인다'처럼 겉으로 보이는 상태나 느낌을 표현하고 싶을 때가 있어요. 이럴 때 쓰는 동사가 look(~하게 보이다)이에요. '~하게'라는 말 때문에 뒤에 부사가 와야 할 것 같지만, look 뒤에는 형용사가 와요. 형용사 앞에는 형용사를 꾸며주는 very(매우), a little(약간) 같은 부사가 올 수 있어요.

주어	동사	부사	보어 (형용사)
You 너는	look ~하게 보여	very 매우	thin. 마른
She 그녀는	looks ~하게 보여요	a little 약간	angry. 화가 난

Word Bank 이미지를 보고 알맞은 단어에 체크하세요.

TOPIC: Appearance

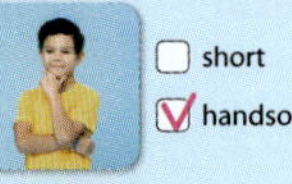
- [ ] short
- [x] handsome

- [ ] slim
- [x] cute

- [x] tall
- [ ] handsome

- [ ] cute
- [x] short

- [x] slim
- [ ] pretty

- [x] pretty
- [ ] tall

STEP 1 문장 익히기

우리말을 보고 영어 문장을 완성하세요.
필요할 경우 동사의 모양을 바꾸세요.

주어	동사	부사	보어 (형용사)
❶ He 그는	looks ~하게 보여요	a little 약간	cute 귀여운
❷ She 그녀는	looks ~하게 보여요	very 매우	pretty 예쁜
❸ You 너희들은	look ~하게 보여	very 매우	handsome 잘생긴

Tip you가 나타내는 상대방은 한 사람일 수도 있고, 여러 사람일 수도 있어요.

주어	동사	보어 (형용사)	부사구
❹ You 너희들은	look ~하게 보여	short 키가 작은	in those shoes 그 신발을 신으니
❺ You 너는	look ~하게 보여	tall 키가 큰	in that big jacket 그 큰 재킷을 입으니
❻ You 너는	look ~하게 보여	slim 날씬한	in that black shirt 그 검은 셔츠를 입으니

Tip in은 장소나 시간뿐 아니라 신발이나 옷 앞에 와서 '~을 입고 있는'의 의미를 나타내요.

Tip this, that, these, those가 명사를 꾸며줄 때 <형용사 + 명사> 앞에 위치해요.

STEP 2 문장 만들기

우리말을 영어 문장으로 쓰세요.
필요할 경우 동사의 모양을 바꾸세요.

Word Bank
old
cool
young
lovely
ugly

❶  너는 사랑스러워 보여.
You look lovely.

❷  그는 어려 보여요.
He looks young.

❸  그녀는 매우 아름다워 보여요.
She looks very beautiful.

❹  그 고양이는 약간 나이 들어 보여요.
The cat looks a little old.

❺  그 개는 약간 못생겨 보였어요.
The dog looked a little ugly.

❻  그들은 매우 멋져 보였어요.
They looked very cool.

STEP 3 문장 확장하기

설명을 읽고, 우리말을 영어 문장으로 쓰세요.

정답 8쪽

동사 feel의 쓰임

feel은 '~하게 느껴진다, ~한 느낌이 들다'라는 뜻으로, 뒤에는 상태를 나타내는 형용사가 와요. 사람이 스스로 느끼는 감정이나 몸의 상태를 나타내거나, 사물을 만졌을 때의 촉감을 표현할 때 사용해요.

He feels cold. (그는 춥다고 느껴요.)
The water feels cold. (그 물이 차가운 느낌이 들어요.)

❶ 나는 매우 슬픈 느낌이 들었어요.
I felt very ___sad___.

Word Bank
hard
full

❷ 잭은 이제 배부른 느낌이 들어요.
Jack ___feels full___ now.

❸ 그 의자는 약간 딱딱한 느낌이 들어요.
The chair feels a little hard.

서술형 우리말을 보고, 보기의 단어를 사용하여 대화를 완성해 보세요.

1 Anna: Lily, are you going somewhere?
You look stylish today.
(너 오늘 스타일이 좋아 보여.)

2 Lily: Today is my mom's birthday.
We will go to a nice restaurant.
I feel very excited.
(나는 매우 신나.)

3 Anna: That sounds great!

보기
feel
look
excited
stylish

1 릴리, 어디 가는 중이야?
2 오늘은 나의 엄마의 생일이야.
우리는 멋진 식당에 갈 거야.
3 정말 좋겠다!

UNIT 08

You smell delicious.

어떤 대상을 표현할 때, '~한 냄새가 나다', '~한 맛이 나다'처럼 다양한 감각을 사용해서 말할 수 있어요. **이렇게 냄새나 맛을 표현할 때 동사 smell, taste를 쓰고, 그 뒤에 상태를 설명해 주는 형용사가 뒤따라와요.**

주어	동사	보어 (형용사)
You 너는	smell ~한 냄새가 나	delicious. 맛있는
The pie 그 파이는	tastes ~한 맛이 나요	

Word Bank 이미지를 보고 알맞은 단어에 체크하세요.

TOPIC: Tastes

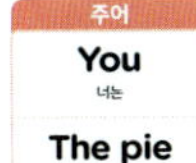
- [ ] bad
- [x] sweet

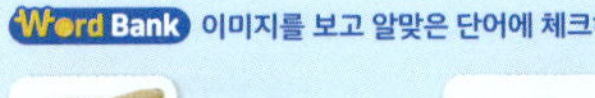
- [ ] sour
- [x] fresh

- [ ] salty
- [ ] spicy

- [ ] fresh
- [x] spicy

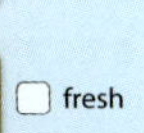
- [x] bad
- [ ] salty

- [ ] sweet
- [x] sour

48 LEVEL 2

STEP 1 문장 익히기 우리말을 보고 영어 문장을 완성하세요. 필요할 경우 동사의 모양을 바꾸세요.

주어	동사	보어 (형용사)
❶ It 그것은	smells ~한 냄새가 나요	sweet 달콤한
❷ They 그것들은	smell ~한 냄새가 나요	spicy 매운
❸ The fish 그 생선은	smells ~한 냄새가 나요	bad 안 좋은

Tip! It은 사물이나 동물 하나를 가리킬 때 쓰는 말로, 동사 끝에 -e(s)를 붙여야 해요.

Tip! they가 사람을 가리킬 땐 '그들은', 사물이나 동물을 가리킬 땐 '그것들은'이라고 해석해요.

주어	동사	부사	보어 (형용사)
❹ The salad 그 샐러드는	tastes ~한 맛이 나요	very 매우	fresh 신선한
❺ The lemon 그 레몬은	tastes ~한 맛이 나요	a little 약간	sour 시큼한
❻ The fries 그 감자튀김은	taste ~한 맛이 나요	too 너무	salty 짠

Tip! too는 '너무 ~하다'란 뜻으로, 주로 부정적인 느낌을 나타내요.

UNIT 08 49

STEP 2 문장 만들기 우리말을 영어 문장으로 쓰세요. 필요할 경우 동사의 모양을 바꾸세요.

❶ 그 수프는 **좋은** 냄새가 나요.

The soup smells great.

❷ 그 샌드위치는 **신선한** 맛이 나요.

The sandwich tastes fresh.

❸ 그 파스타는 **맛있는** 냄새가 나요.

The pasta smells delicious.

❹ 그 쿠키는 **매우 달콤한** 맛이 나요.

The cookie tastes very sweet.

❺ 그 팝콘은 **너무 기름기가 많은** 맛이 나요.

The popcorn tastes too oily.

Tip! oily는 명사 oil(기름)에 형용사 어미인 '-y'가 붙은 형태로, '기름기가 많은'이란 뜻이에요.

❻ 그것들은 약간 **이상한** 냄새가 나요.

They smell a little strange.

Word Bank
cookie
popcorn
sandwich
pasta
soup

strange
oily
great

50 LEVEL 2

STEP 3 문장 확장하기 설명을 읽고, 우리말을 영어 문장으로 쓰세요.

> **상태 동사 뒤에 명사가 오는 경우**
> 상태 동사 smell, taste, look, feel 뒤에는 형용사가 와서 주어의 상태를 설명해주죠. 그런데 명사를 쓰고 싶을 때는 반드시 상태 동사 뒤에 <like + 명사>의 형태를 써야 해요.
> It tastes like lemon. (그것은 레몬 같은 맛이 나요.)
> My hands feel like ice. (내 손이 얼음 같은 느낌이 들어요.)

❶ 이것은 우유 같은 맛이 나요.

This tastes __like milk__.

❷ 이것들은 초콜릿 같은 냄새가 나요.

These __smell like chocolate__.

❸ 그것은 별처럼 보여요.

It looks like a star.

Word Bank
chocolate
milk

서술형 우리말을 보고, 보기의 단어를 사용하여 솜사탕을 소개하는 글을 완성해 보세요.

(나의 가장 좋아하는 간식은 솜사탕이에요.)
My favorite snack is cotton candy.

It tastes sweet.
(그것은 달콤한 맛이 나요.)

It looks like a cloud.
(그것은 구름처럼 생겼어요.)

It feels soft.
(그것은 폭신한 느낌이 들어요.)

보기
a cloud
sweet
soft

UNIT 08 51

정답 **9**

UNIT 09

Hansel got scared.

'나는 무서워'처럼 단순한 상태를 말하는 대신 '나는 무서워졌어'처럼 변화하고 있는 상태를 말하고 싶을 때, 동사 get을 사용해요. **<get + 형용사>는 '~해지다, ~하게 되다'라는 변화의 뜻을 나타내요.** 이때 형용사 뒤에 '-er'을 붙이거나, 긴 단어의 경우 앞에 more를 쓰면 '더 ~해지다'라는 뜻이 되어 변화의 과정을 더 강조할 수 있어요.

주어	동사	보어 (형용사)
Hansel 헨젤은	**got** ~해졌어요	**scared.** 무서운
The witch 그 마녀는	**got** ~해졌어요	**more excited.** 더 신이 난

Word Bank 이미지를 보고 알맞은 단어에 체크하세요.

TOPIC: Conditions

- ☐ sick
- ☑ hungry

- ☑ dizzy
- ☐ cold

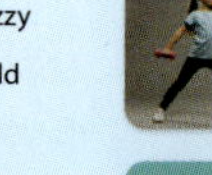
- ☑ strong
- ☐ hungry

- ☑ sick
- ☐ strong

- ☑ cold
- ☐ tired

- ☐ dizzy
- ☑ tired

STEP 1 문장 익히기

우리말을 보고 영어 문장을 완성하세요. 필요할 경우 동사의 모양을 바꾸세요.

주어	동사	보어 (형용사)
① I 나는	**got** ~해졌어요	**sicker** 더 아픈
② She 그녀는	**got** ~해졌어요	**stronger** 더 튼튼한
③ He 그는	**got** ~해졌어요	**colder** 더 추운

주어	동사	보어 (형용사)	부사구 (시간)
④ He 그는	**gets** ~해져요	**dizzy** 어지러운	**in hot weather** 더운 날씨에
⑤ She 그녀는	**gets** ~해져요	**hungry** 배고픈	**after dance practice** 춤 연습 후에
⑥ They 그들은	**get** ~해져요	**tired** 피곤한	**during class** 수업 시간 동안

STEP 2 문장 만들기

우리말을 영어 문장으로 쓰세요. 필요할 경우 동사의 모양을 바꾸세요.

Word Bank
lazy
better
sleepy

① 나는 점심 식사 후에 졸려요.
I get sleepy after lunch.

② 그녀는 주말에 게을러져요.
She gets lazy on weekends.

③ 나는 방학 후에 아파졌어요.
I got sick after the vacation.

④ 그들은 산책 후에 배고파졌어요.
They got hungry after the walk.

⑤ Tom은 연습으로 더 강해질 거예요.
Tom will get stronger with practice.
TIP 앞으로 일어날 일에 대해 말할 때는 동사 앞에 will을 붙여요. will 뒤의 동사는 원래 모양으로 써요.

⑥ Lucy는 휴식을 취한 후에 더 나아질 거예요.
Lucy will get better after some rest.
TIP better는 '더 건강한, 더 나은'의 뜻으로 몸이나 상태가 더 좋아진 정도를 나타내요.

STEP 3 문장 확장하기

설명을 읽고, 우리말을 영어 문장으로 쓰세요.

정답 10쪽

형용사의 비교급

형용사 뒤에 -er을 붙이거나, 형용사 앞에 more를 붙인 형태를 '비교급'이라고 해요. 비교급은 보통 두 대상을 비교하여 '어느 쪽이 더 ~하다'라고 표현할 때 써요. 비교급 뒤에는 <than + 비교 대상>이 올 수 있어요.

He gets **taller** every year. (그는 매년 키가 더 커져요.)
I am **stronger than** my brother. (나는 나의 형보다 힘이 더 세요.)

① 이 가방은 나의 가방보다 더 커요.
This bag is **bigger** than my bag.

② 그는 나보다 더 바빠요.
He is **busier than** me.

③ 그 가수는 공연 이후에 더 유명해졌어요.
The singer got **more famous** after the show.

Word Bank
more famous
bigger
busier

서술형 보기의 단어와 동사 get을 사용하여 아이의 일기를 완성해 보세요.

보기

scared	full	excited

1 Today, I had a big dinner. **I got full.**

2 Next, I watched a horror movie. **I got scared.**

3 Lastly, I played with my sister. **I got excited.**

4 It was the best day ever!
1 오늘, 나는 푸짐한 저녁을 먹었어요. 나는 배불러졌어요.
2 다음으로, 나는 공포 영화를 봤어요. 나는 무서워졌어요.
3 마지막으로, 나는 나의 여동생과 놀았어요. 나는 신났어요.
4 최고의 날이었어요!

UNIT 10

It is stormy today.

it은 '그것은'이라는 뜻으로, 앞에서 언급한 사물이나 동물 명사를 반복하지 않기 위해 사용해요. 그런데 **날씨를 나타낼 때도 문장을 it으로 시작할 수 있어요.** 이런 경우, it을 '그것은'이라고 해석하면 어색하기 때문에 따로 해석하지 않아요.

주어	be동사	보어 (형용사)	부사
It (날씨가)	is ~해요	stormy 폭풍우가 치는	today. 오늘은

주어	be동사	부사	보어 (형용사)
It (날씨가)	is ~해요	very 매우	stormy. 폭풍우가 치는

강의&음원

Word Bank 이미지를 보고 알맞은 단어에 체크하세요.

TOPIC: Weather

- [ ] sunny
- [x] cloudy

- [x] snowy
- [ ] foggy

- [ ] windy
- [x] rainy

- [x] windy
- [ ] snowy

- [x] foggy
- [ ] rainy

- [ ] cloudy
- [x] sunny

Tip 날씨를 나타내는 형용사는 단어의 끝이 '-y'로 끝나는 경우가 많아요. 명사에 '-y'가 붙어 형용사가 된 거예요.

 **STEP 1** 문장 익히기 · 우리말을 보고 영어 문장을 완성하세요.

주어	be동사	보어 (형용사)	부사

1 It (날씨가) · is ~해요 · foggy 안개가 낀 · now 지금 .

2 It (날씨가) · is ~해요 · sunny 화창한 · today 오늘은 .

3 It (날씨가) · was ~했어요 · cloudy 구름이 낀 · yesterday 어제는 .

Tip '~했다'라고 과거의 일을 나타낼 때는 is 대신 was를 써요.

주어	be동사	부사	보어 (형용사)

4 It (날씨가) · is ~해요 · very 매우 · rainy 비가 오는 .

5 It (날씨가) · is ~해요 · a little 약간 · snowy 눈이 오는 .

6 It (날씨가) · was ~했어요 · too 너무 · windy 바람이 부는 .

 **STEP 2** 문장 만들기 · 우리말을 영어 문장으로 쓰세요.

1 (날씨가) 오늘은 시원해요.
It is cool today.
Tip cool은 사람이나 사물과 함께 쓰면 '멋진'으로 해석하고, 날씨를 말할 때는 '시원한'이라고 해석해요.

Word Bank
clear
warm
hot
dry

2 (날씨가) 매우 따뜻해요.
It is very warm.

3 (날씨가) 지금 맑아요.
It is clear now.

4 (날씨가) 어제는 너무 더웠어요.
It was too hot yesterday.

5 (날씨가) 오늘은 더 추워졌어요.
It got colder today.
Tip <get + 형용사>는 '~해지다'라는 의미로, 형용사 뒤에 '-er'을 붙이면 '더욱 ~해지다'라는 뜻을 나타내요.

6 (날씨가) 매일 더 건조해져요.
It gets drier every day.
Tip <자음 + y>로 끝나는 형용사는 -y를 -i로 바꾸고 그 뒤에 -er을 붙여요.

 **STEP 3** 문장 확장하기 · 설명을 읽고, 우리말을 영어 문장으로 쓰세요.

정답 11쪽

시간을 나타내는 it
날씨 외에 시간을 나타낼 때도 문장의 주어로 it을 써요. 시각, 날짜, 요일, 계절 등 시간을 나타내는 명사가 뒤따라와요.

It is **eight o'clock** now. (지금은 8시예요.)
It is **summer.** (여름이에요.)

1 오늘은 나의 생일이에요.
It is ___ **my birthday** ___ today.

Word Bank
Friday
July 5
birthday

2 어제는 금요일이었어요.
It ___ **was Friday** ___ yesterday.

3 오늘은 7월 5일이에요.
It is July 5 today.

서술형 · 보기의 단어를 사용하여 한국의 사계절을 소개하는 글을 완성해 보세요.

Korea has four seasons. (한국은 사계절을 가지고 있어요.)

It is warm in **spring** . (봄에는 따뜻해요.)

It is hot in **summer** . (여름에는 더워요.)

It is cool in **fall** . (가을에는 시원해요.)

It is cold in **winter** . (겨울에는 추워요.)

보기
fall
spring
summer
winter

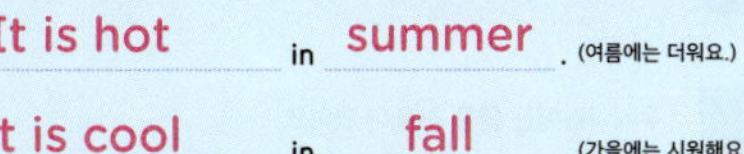

UNIT 11

There is gold in the house.

어떤 사물이나 사람이 어디에 있는지 알려주고 싶을 때, there is 또는 there are로 문장을 시작할 수 있어요. '~가 있다'라는 뜻으로, there를 '거기에'라고 해석하지는 않아요. there is 뒤에는 하나의 대상이, there are 뒤에는 여러 개의 대상이 와요. 대상 뒤에는 주로 그 대상의 위치를 알려주는 장소 표현이 함께 쓰여요.

There	be동사	주어	부사구 (장소)
There	is	gold	in the house.
있어요		금이	집 안에
There	are	cakes	on the table.
있어요		케이크들이	식탁 위에

강의 & 음원

Word Bank 이미지를 보고 알맞은 단어에 체크하세요.　　　TOPIC: Nature

- ☐ nest　☑ butterfly
- ☑ sheep　☐ grass
- ☑ tree　☐ bird
- ☑ bird　☐ butterfly
- ☑ grass　☐ tree
- ☐ sheep　☑ nest

우리말을 보고 영어 문장을 완성하세요.

There	be동사	주어	부사구 (장소)

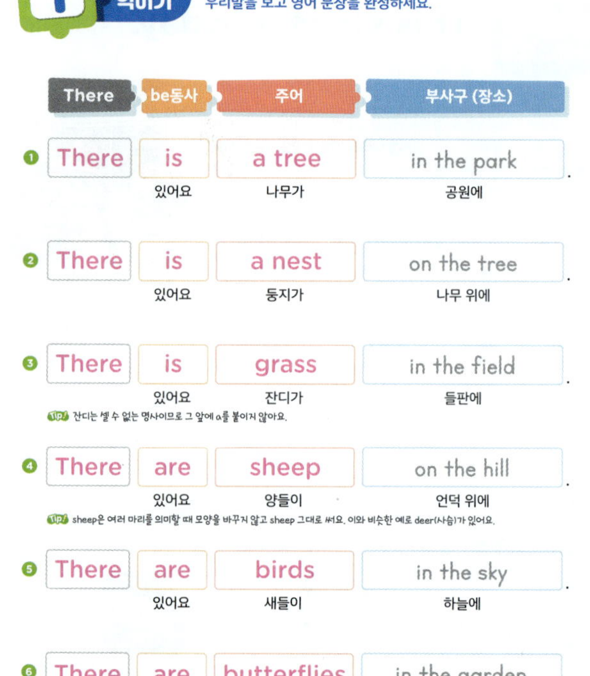

1 There | is | a tree | in the park
있어요　나무가　공원에

2 There | is | a nest | on the tree
있어요　둥지가　나무 위에

3 There | is | grass | in the field
있어요　잔디가　들판에
Tip 잔디는 셀 수 없는 명사이므로 그 앞에 a를 붙이지 않아요.

4 There | are | sheep | on the hill
있어요　양들이　언덕 위에
Tip sheep은 여러 마리를 의미할 때 모양을 바꾸지 않고 sheep 그대로 써요. 이와 비슷한 예로 deer(사슴)가 있어요.

5 There | are | birds | in the sky
있어요　새들이　하늘에

6 There | are | butterflies | in the garden
있어요　나비들이　정원에
Tip butterfly처럼 <자음 +y>로 끝나는 명사가 두 개 이상일 때는 -y를 -i로 바꾸고 -es를 붙여요.

우리말을 영어 문장으로 쓰세요.

1  하늘에 **구름들**이 있어요.
There are clouds in the sky.

2 브라질에 **긴 강**이 있어요.
There is a long river in Brazil.

3 하늘에 **무지개**가 있어요.
There is a rainbow in the sky.

4  **연못**에 오리들이 있어요.
There are ducks in the pond.

5  **숲속**에 **다람쥐들**이 있어요.
There are squirrels in the forest.

6  우리나라에는 **많은 산**들이 있어요.
There are many mountains in my country.

Word Bank
squirrel
duck
mountain
river
rainbow
cloud
○○○
many
long
forest
pond

정답 12쪽

설명을 읽고, 우리말을 영어 문장으로 쓰세요.

명사의 수나 양을 어림잡아 표현하기
형용사 중에는 명사의 수나 양을 나타내는 형용사들도 있어요. 그 중 some은 '조금의, 약간의, 몇몇의'라는 뜻으로, 명사의 정확한 수나 양을 모를 때 써요. some 뒤에 셀 수 있는 명사가 오면 명사 뒤에 -(e)s를 붙여야 해요.

There is some juice in the fridge. (냉장고에 주스가 조금 있어요.)
There are some birds in the park. (공원에 새들이 몇 마리 있어요.)

1 냉장고에 우유가 조금 있어요.
There is some milk in the fridge.

2 접시 위에 쿠키들이 몇 개 있어요.
There are some cookies on the plate.

3 그 책상 위에 책들이 몇 권 있어요.
There are some books on the desk.

서술형 우리말을 보고, 보기의 단어를 사용하여 사진을 묘사하는 글을 완성해 보세요.

보기
sand　horse　white

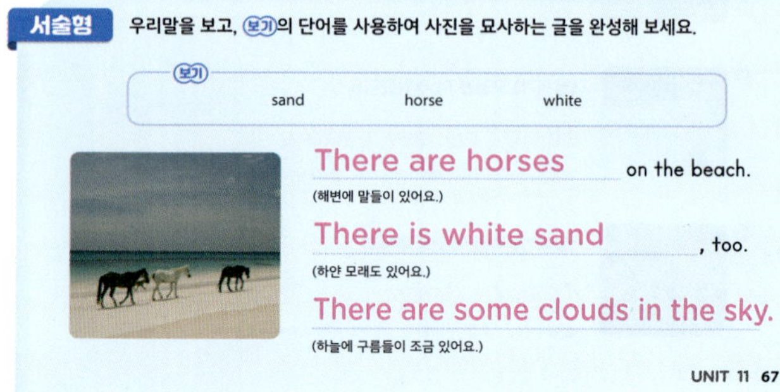

There are horses on the beach.
(해변에 말들이 있어요.)
There is white sand, too.
(하얀 모래도 있어요.)
There are some clouds in the sky.
(하늘에 구름들이 조금 있어요.)

UNIT 12

Let's leave the forest.

영어 문장에서는 우리말과 달리 문장의 주어가 꼭 필요해요. 하지만 **누군가에게 '~해라'라고 지시할 때는 주어 없이 동사으로 문장을 시작해요.** 만약 지시가 '~하지 말아라'라는 부정의 뜻을 나타낼 때는 <Don't + 동사>로 문장을 시작해요. 그리고 '(우리 함께) ~하자'고 제안할 때는 <Let's + 동사>로 시작해요. 이때 모든 동사는 원래 모양 그대로 와야 해요.

Don't / Let's	동사	목적어
X	**Leave** 떠나라	**the forest.** 그 숲을
Don't ~하지 말아라	**leave** 떠나다	**the forest.** 그 숲을
Let's ~하자		

Word Bank 이미지를 보고 알맞은 단어에 체크하세요.

TOPIC: Class Rules

- ☑ open
- ☐ close

- ☐ break
- ☑ clean

- ☑ push
- ☐ open

- ☐ color
- ☑ close

- ☑ color
- ☐ push

- ☑ break
- ☐ clean

Tip 하나의 단어가 여러 가지 뜻을 나타낼 수 있어요. color는 '색깔', '색깔을 칠하다'라는 뜻이 있고, open은 '열려 있는', '열다'라는 뜻이 있어요.

STEP 1 문장 익히기

우리말을 보고 영어 문장을 완성하세요.

동사	목적어

1 Close — the book .
덮어라 — 그 책을

2 Color — the picture .
색칠해라 — 그 그림을

3 Open — your textbook .
펴라 — 너의 교과서를

4 Clean — your desks .
청소해라 — 너희들의 책상들을

Don't	동사	목적어

5 Don't — break — your pencils .
말아라 — 부러뜨리지 — 너의 연필들을

6 Don't — push — your friend .
말아라 — 밀지 — 너의 친구를

STEP 2 문장 만들기

우리말을 영어 문장으로 쓰세요.

Word Bank
lunchbox
answer
phone
snacks

wash
finish
write
bring

1 
너의 답을 **적어라**.
Write your answer.

2 
도서관에서 너의 **간식**을 먹지 말아라.
Don't eat your snacks in the library.

3 
저녁 식사 전에 우리의 손들을 **씻자**.
Let's wash our hands before dinner.

4 
자기 전에 너의 숙제를 **끝내라**.
Finish your homework before bed.

5 
수업 시간에 너의 **전화기**를 사용하지 말아라.
Don't use your phone in class.

6 
내일은 우리의 **점심 도시락**을 **가져오자**.
Let's bring our lunchboxes tomorrow.

STEP 3 문장 확장하기

정답 13쪽

설명을 읽고, please를 사용한 문장으로 바꿔 쓰세요.

공손하게 요청하기
누군가에게 지시할 때 please를 붙이면 정중하고 공손한 표현이 돼요. 우리말의 '~해주세요'와 비슷한 뜻으로 문장의 맨 앞이나 맨 뒤에 모두 올 수 있어요.

Please don't eat your snacks in the classroom.
= Don't eat your snacks in the classroom, please. (교실에서 당신의 간식을 먹지 마세요.)

1 Don't write on your desk. (너의 책상 위에 낙서하지 말아라.)
→ Please don't write on your desk.
→ Don't write on your desk, please.

2 Don't talk in class. (수업 시간에 이야기하지 말아라.)
→ Please don't talk in class.
→ Don't talk in class, please.

서술형
보기의 단어를 사용하여 학급 규칙을 완성해 보세요.

보기
throw
shout
use
don't

1 These are our classroom rules.
2 Don't shout in the classroom.
3 Please throw your trash in the bin.
4 Please use kind words with your classmates.
5 Let's make our classroom great together!

1 이것들은 우리의 학급 규칙들이에요.
2 교실에서는 소리 지르지 마세요.
3 당신의 쓰레기는 쓰레기통에 버려 주세요.
4 반 친구들과 친절한 말을 사용해 주세요.
5 우리의 교실을 함께 멋지게 만들어 보아요!

정답 13

수행평가 Preview

CHAPTER 1
My Summer Vacation

과제 확인 수행평가 과제를 확인해 보세요.

주제	평소 여름휴가 보내는 방법 말하기
내용	✔ 여름휴가 장소와 이동 방법 포함하기 ✔ 여름휴가 때 하는 활동 두 가지 이상 포함하기
조건	✔ 장소 표현과 시간 표현 중 하나를 쓰기 ✔ 동작의 빈도를 나타내는 표현 하나를 쓰기

예시 답변 다음 글을 소리 내어 읽으며 따라 써 보세요.

1 My family often goes to the beach in summer.
2 We usually go there by car.
3 We swim in the sea in the afternoon.
4 We also eat delicious dinners at nice restaurants.
5 I love summer vacation.

Word Bank

☐ beach 바닷가, 해변 ☐ delicious 맛있는 ☐ restaurant 식당

1 우리 가족은 여름에 자주 바닷가에 가요.
2 우리는 보통 차를 타고 그곳에 가요.
3 우리는 오후에 바다에서 수영을 해요.
4 우리는 또한 멋진 식당에서 맛있는 저녁을 먹어요.
5 나는 여름 방학이 정말 좋아요.

내 답변 아래 표현들을 활용해 내 답변을 완성해 보세요.

정답 14쪽

1 My family often goes to the mountains in summer.
2 We usually go camping there.
3 We take many pictures of nature.
4 We also make a campfire at night.
5 I love summer vacation.

Word Bank

☐ go camping 캠핑하러 가다 ☐ go fishing 낚시하러 가다
☐ take many pictures 많은 사진들을 찍다 ☐ catch fish 물고기를 잡다
☐ watch the sunset 노을을 보다 ☐ make a campfire 모닥불을 피우다
☐ look at the stars 별을 보다 ☐ visit a nice café 멋진 카페를 방문하다

1 우리 가족은 여름에 자주 산으로 가요.
2 우리는 보통 그곳에 캠핑하러 가요.
3 우리는 많은 자연의 사진들을 찍어요.
4 우리는 또한 밤에는 모닥불을 피워요.
5 나는 여름 방학이 정말 좋아요.

Checklist 내가 쓴 글을 보며 과제를 잘 했는지 평가해 보세요.

평가 요소		
1. 여름휴가 장소와 이동 방법을 포함했나요?	☐ Yes	☐ No
2. 휴가지에서의 활동을 두 가지 이상 포함했나요?	☐ Yes	☐ No
3. 장소 표현이나 시간 표현을 썼나요?	☐ Yes	☐ No
4. 동작의 빈도를 나타내는 표현을 썼나요?	☐ Yes	☐ No

수행평가 Preview

CHAPTER 2
My Best Friend

과제 확인 수행평가 과제를 확인해 보세요.

주제	나의 친한 친구 소개하기
내용	✔ 친구가 나에게 주로 하는 행동 두 가지 소개하기 ✔ 내가 친구를 부르는 별명 소개하기
조건	✔ 목적어를 두 개 가지는 동사를 사용하기 ✔ 동사 name이나 call을 사용해서 친구의 별명 밝히기

예시 답변 다음 글을 소리 내어 읽으며 따라 써 보세요.

1 My best friend is Jisu.
2 She gives me delicious snacks.
3 She shows me her amazing dances.
4 So I call her a star.
5 She always makes me happy.

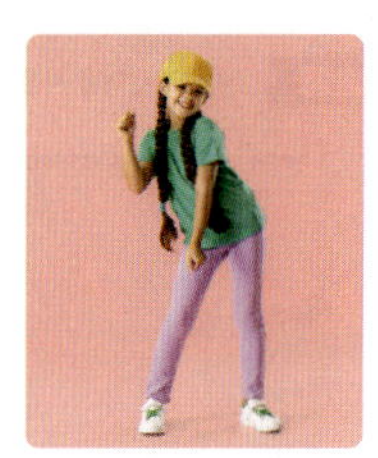

Word Bank

☐ best friend 가장 친한 친구 ☐ delicious 맛있는 ☐ show 보여 주다 ☐ amazing 놀라운, 대단한

1 나의 가장 친한 친구는 지수예요.
2 그녀는 나에게 맛있는 간식들을 줘요.
3 그녀는 나에게 그녀의 놀라운 춤을 보여 줘요.
4 그래서 나는 그녀를 스타라고 불러요.
5 그녀는 항상 나를 행복하게 만들어요.

내 답변 아래 표현들을 활용해 내 답변을 완성하고, 친구의 얼굴을 그려 보세요.

정답 14쪽

1 My best friend is Jongwoo.
2 She/(He) tells me funny stories.
3 She/(He) shows me many interesting books.
4 So I call him a bookworm.
5 She/(He) always makes me energetic.

Word Bank

☐ nice stickers 멋진 스티커들 ☐ cool toys 멋진 장난감들
☐ a funny story 웃긴 이야기 ☐ interesting books 흥미로운 책들
☐ storyteller 이야기꾼 ☐ bookworm 책벌레
☐ energetic 활기찬 ☐ relaxed 편안한

1 나의 가장 친한 친구는 종우예요.
2 그는 나에게 웃긴 이야기를 해줘요.
3 그는 나에게 많은 흥미로운 책들을 보여 줘요.
4 그래서 나는 그를 책벌레라고 불러요.
5 그는 항상 나를 활기차게 만들어요.

Checklist 내가 쓴 글을 보며 과제를 잘 했는지 평가해 보세요.

평가 요소		
1. 친구가 주로 하는 행동과 친구의 별명을 소개했나요?	☐ Yes	☐ No
2. 목적어를 두 개 가지는 동사를 적절하게 사용했나요?	☐ Yes	☐ No
3. 동사 name이나 call을 적절하게 사용했나요?	☐ Yes	☐ No
4. 대문자, 마침표, 철자가 올바른가요?	☐ Yes	☐ No

수행평가 Preview

CHAPTER 3
My Favorite Food

정답 15쪽

과제 확인 수행평가 과제를 확인해 보세요.

주제	내가 좋아하는 음식이나 간식에 대한 퀴즈 만들기
내용	✔ 좋아하는 음식이나 간식 소개하기 ✔ 모양, 촉감, 냄새, 맛 중에서 두 가지 내용 포함하기
조건	✔ look, feel, smell, taste 뒤에 형용사가 오는 문장 한 개 이상 포함하기 ✔ look, feel, smell, taste 뒤에 명사가 오는 문장 한 개 이상 포함하기

예시 답변 다음 글을 소리 내어 읽으며 따라 써 보세요.

1 Let me tell you about my favorite food.
2 It looks like a colorful ball.
3 It feels hard.
4 It tastes sweet and crunchy.
5 What is it?

Word Bank

☐ favorite 가장 좋아하는 ☐ colorful 알록달록한, 화려한 ☐ crunchy 바삭바삭한

1 나의 가장 좋아하는 음식에 대해 말해 볼게요.
2 그것은 화려한 공처럼 생겼어요.
3 그것은 딱딱한 느낌이 들어요.
4 그것은 달콤하고 바삭바삭한 맛이 나요.
5 그것은 무엇일까요?

내 답변 아래 표현들을 활용해 내 답변을 완성하고, 그림을 그려 보세요.

1 Let me tell you about
  my favorite food.
2 It **is long and brown.**
3 It **feels hard outside.**
4 It **tastes salty and sweet.**
5 What is it?

Word Bank

☐ square 정사각형 ☐ triangle 삼각형
☐ stick 막대기 ☐ round 둥근
☐ sticky 끈적끈적한 ☐ creamy 크림이 많이 든
☐ chewy 쫄깃쫄깃한, 꼭꼭 씹어야 하는 ☐ fruity 과일 맛(향)이 강한
☐ juicy 즙이 가득한 ☐ shiny 반짝반짝 빛나는

1 나의 가장 좋아하는 음식에 대해 말해 볼게요.
2 그것은 길고 갈색이에요.
3 그것은 겉이 딱딱한 느낌이 들어요.
4 그것은 짭쪼름하고 단 맛이 나요.
5 그것은 무엇일까요?

Checklist 내가 쓴 글을 보며 과제를 잘 했는지 평가해 보세요.

평가 요소		
1. 내가 좋아하는 음식이나 간식에 대해 소개했나요?	☐ Yes	☐ No
2. look, feel, smell, taste 뒤에 형용사가 오는 문장을 포함했나요?	☐ Yes	☐ No
3. look, feel, smell, taste 뒤에 명사가 오는 문장을 포함했나요?	☐ Yes	☐ No
4. 대소문자, 마침표, 철자가 올바른가요?	☐ Yes	☐ No

수행평가 Preview

CHAPTER 4
Weather Report

정답 15쪽

과제 확인 수행평가 과제를 확인해 보세요.

주제	일기 예보 대본 쓰기
내용	✔ 오늘의 날씨를 소개하기 ✔ 날씨에 맞는 조언을 포함하기
조건	✔ it과 there로 시작하는 문장을 각 한 개씩 포함하기 ✔ 조언의 문장은 <please+동사> 또는 <don't+동사>로 표현하기

예시 답변 다음 글을 소리 내어 읽으며 따라 써 보세요.

1 Good morning. Here is today's weather report.
2 It is very cold this morning.
3 There is a lot of snow on the street.
4 So please wear a warm coat and boots.
5 Have a great day, everyone!

Word Bank

☐ weather report 일기 예보 ☐ street 거리 ☐ wear (옷을) 입다 ☐ boots 부츠, 장화

1 좋은 아침입니다. 오늘의 일기 예보입니다.
2 오늘 아침은 매우 춥습니다.
3 거리에는 많은 눈이 있습니다.
4 그러니 따뜻한 코트와 부츠를 입으시기 바랍니다.
5 모두 좋은 하루 되세요!

내 답변 아래 표현들을 활용해 내 답변을 완성해 보세요.

1 Good morning. Here is today's weather report.
2 It **is rainy this morning.**
3 There **are many dark clouds in the sky.**
4 So **please take an umbrella today.**
5 Have a great day, everyone!

Word Bank

☐ fog 안개 ☐ heavy rain 많은 비, 폭우
☐ dark clouds 먹구름 ☐ strong sunlight 강한 햇빛
☐ play inside 실내에서 놀다 ☐ take an umbrella 우산을 챙기다
☐ go to the park 공원에 가다 ☐ put on sunscreen 선크림을 바르다

1 좋은 아침입니다. 오늘의 일기 예보입니다.
2 오늘 아침은 비가 오고 있습니다.
3 하늘에는 많은 먹구름이 있습니다.
4 그러니 오늘 우산을 챙겨 가세요.
5 모두 좋은 하루 되세요!

Checklist 내가 쓴 글을 보며 과제를 잘 했는지 평가해 보세요.

평가 요소		
1. 오늘의 날씨와 그 날씨에 맞는 조언을 포함했나요?	☐ Yes	☐ No
2. it과 there로 시작하는 문장을 포함했나요?	☐ Yes	☐ No
3. <please[don't]+동사>를 사용하여 조언했나요?	☐ Yes	☐ No
4. 대소문자, 마침표, 철자가 올바른가요?	☐ Yes	☐ No

A 괄호 안의 단어를 배열하여 문장을 완성하세요.

1 우리는 절대 거짓말하지 않아요. (never, we, lie)
We never lie.

2 그는 항상 웃어요. (smiles, always, he)
He always smiles.

3 나는 나의 장난감 차를 상자 안에 두어요. (car, my, in, I, toy, the, box, put)
I put my toy car in the box.

4 나는 나의 우산을 학교로 가져가요. (I, to, umbrella, school, take, my)
I take my umbrella to school.

5 그는 보통 학교 끝나고 TV를 봐요. (he, TV, after, watches, usually, school)
He usually watches TV after school.

B 〈보기〉의 단어를 활용하여 우리말을 영어 문장으로 쓰세요.

〈보기〉
break
room
basket
clean
bed
the rule

6 나는 그것을 너의 방 안에 두고 갔어.
I left it in your room.

7 그는 자주 그의 책상을 청소해요.
He often cleans his desk.

8 우리는 절대 규칙들을 어기지 않아요.
We never break the rules.

9 나는 그 축구공을 바구니 안에 두어요.
I put the soccer ball in the basket.

10 그녀는 어제 그녀의 가방을 침대 위에 두고 갔어요.
She left her bag on the bed yesterday.

C 밑줄 친 부분을 바르게 고쳐 문장을 다시 쓰세요.

11 We never <u>misses</u> school.
We never miss school.

12 My mom never <u>use</u> bad words.
My mom never uses bad words.

13 We always bring our textbooks <u>school</u>.
We always bring our textbooks to school.

14 I put <u>on my bed my cap</u>.
I put my cap on my bed.

15 She <u>her umbrella brought</u> to the playground.
She brought her umbrella to the playground.

D 우리말을 영어 문장으로 쓰세요.

16 그들은 자주 도서관에 가요. (library)
They often go to the library.

17 나는 보통 나의 친구들을 도와줘요. (friend)
I usually help my friends.

18 그는 가끔 물건들을 잃어버려요. (thing)
He sometimes loses things.

19 그녀는 쿠키들을 식탁 위에 두었어요. (table)
She put cookies on the table.

20 나는 내 열쇠들을 가방 안에 두어요. (key)
I put my keys in the bag.

A 괄호 안의 단어를 배열하여 문장을 완성하세요.

1 Anna는 자주 친구들과 놀아요. (often, with, Anna, friends, plays)
Anna often plays with friends.

2 그녀는 그녀의 책들을 선반에 두어요. (puts, shelf, her, she, on, books, the)
She puts her books on the shelf.

3 나는 학교 끝나고 집에서 과자들을 먹어요. (at, school, home, eat, snacks, I, after)
I eat snacks at home after school.

4 그는 일요일에 공원에서 조깅했어요. (he, jogged, the, on, park, Sunday, in)
He jogged in the park on Sunday.

5 나는 밤에 나의 방에서 게임을 했어요. (played, night, I, room, at, games, my, in)
I played games in my room at night.

B 〈보기〉의 단어를 활용하여 우리말을 영어 문장으로 쓰세요.

〈보기〉
study
play
library
smile
block

6 그들은 항상 웃어.
They always smile.

7 나는 나의 블록들을 침대 위에 두어요.
I put my blocks on the bed.

8 Mina는 가끔 축구를 해요.
Mina sometimes plays soccer.

9 그는 학교 끝나고 집에서 영어를 공부해요.
He studies English at home after school.

10 그녀는 어제 도서관에서 컴퓨터를 사용했어요.
She used a computer in the library yesterday.

C 밑줄 친 부분을 바르게 고쳐 문장을 다시 쓰세요.

11 I <u>putted</u> my cap on the table.
I put my cap on the table.

12 He <u>leaved</u> his toy on the bed yesterday.
He left his toy on the bed yesterday.

13 They eat lunch at school <u>in</u> noon.
They eat lunch at school at noon.

14 She brought her books <u>at</u> school.
She brought her books to school.

15 John <u>his homework does</u> in his room.
John does his homework in his room.

D 우리말을 영어 문장으로 쓰세요.

16 나의 엄마는 꽃들을 꽃병 안에 두어요. (vase)
My mom puts flowers in the vase.

17 그는 항상 집에서 저녁을 먹어요. (eat)
He always eats dinner at home.

18 나는 밤에 나의 침실에서 나의 머리를 빗어요. (brush)
I brush my hair in my bedroom at night.

19 우리는 주말마다 빵집에서 빵을 사요. (bakery)
We buy bread at the bakery on weekends.

20 그녀는 금요일마다 그녀의 방에서 TV를 봐요. (watch)
She watches TV in her room on Fridays.

UNIT 01-04

A 괄호 안의 단어를 배열하여 문장을 완성하세요.

1. 그는 그녀에게 꽃들을 줘요. (gives, flowers, her, he)
He gives her flowers.

2. 그녀는 항상 그녀의 친구들을 도와줘요. (helps, she, friends, always, her)
She always helps her friends.

3. 나의 엄마는 내게 간식들을 사줘요. (mom, snacks, me, buys, my)
My mom buys me snacks.

4. 그는 그의 모자를 의자 위에 두어요. (on, puts, chair, cap, his, he, the)
He puts his cap on the chair.

5. 나는 나의 방에서 영어를 공부했어요. (studied, room, in, I, English, my)
I studied English in my room.

B 보기의 단어를 활용하여 우리말을 영어 문장으로 쓰세요.

보기: letter / card / gym / teddy bear / robot

6. 나의 언니는 나에게 카드들을 만들어 줘요.
My sister makes me cards.
[My sister makes cards for me.]

7. 나는 나의 로봇들을 바구니 안에 두어요.
I put my robots in the basket.

8. 나의 친구는 나에게 편지들을 보내요.
My friend sends me letters.
[My friend sends letters to me.]

9. 나의 엄마는 나에게 곰 인형들을 사줘요.
My mom buys me teddy bears.
[My mom buys teddy bears for me.]

10. 그들은 저녁에 체육관에서 축구를 했어요.
They played soccer in the gym in the evening.

C 밑줄 친 부분을 바르게 고쳐 문장을 다시 쓰세요.

11. My sister gives helpful tips me.
My sister gives helpful tips to me.
[My sister gives me helpful tips.]

12. They use never bad words.
They never use bad words.

13. I leaved my toy car on the bed yesterday.
I left my toy car on the bed yesterday.

14. My grandmother sends to me postcards.
My grandmother sends me postcards.
[My grandmother sends postcards to me.]

15. She makes bread for him yesterday.
She made bread for him yesterday.

D 우리말을 영어 문장으로 쓰세요.

16. 나의 이모는 나에게 책들을 사줘요. (aunt)
My aunt buys me books.
[My aunt buys books for me.]

17. 나의 삼촌은 내게 돈을 보냈어요. (money)
My uncle sent me money.
[My uncle sent money to me.]

18. Anna는 그녀의 친구들에게 쿠키들을 만들어 줘요. (cookie)
Anna makes her friends cookies.
[Anna makes cookies for her friends.]

19. 그녀는 학교 끝나고 자주 공원에서 놀아요. (at)
She often plays at the park after school.

20. 그는 자기 전에 욕실에서 그의 치아를 닦아요. (teeth)
He brushes his teeth in the bathroom before bed.

UNIT 01-05

A 괄호 안의 단어를 배열하여 문장을 완성하세요.

1. 그는 나에게 수학을 가르쳐 줘요. (teaches, he, math, me)
He teaches me math.

2. 나의 친구는 나를 행복하게 만들어요. (my, makes, happy, friend, me)
My friend makes me happy.

3. 나의 오빠는 나에게 풍선들을 사주었어요. (brother, me, bought, my, balloons)
My brother bought me balloons.

4. 시끄러운 소음은 나를 긴장하게 만들어요. (make, noises, me, loud, nervous)
Loud noises make me nervous.

5. 나는 주말마다 항상 농구를 해요. (always, weekends, basketball, on, I, play)
I always play basketball on weekends.

B 보기의 단어를 활용하여 우리말을 영어 문장으로 쓰세요.

보기: helmets / jokes / card / snack / exercise

6. 나는 그녀의 농담이 웃기다고 생각해요.
I find her jokes funny.

7. 안전모는 당신을 안전하게 지켜줘요.
Helmets keep you safe.

8. 나의 오빠는 나에게 카드 한 장을 보냈어요.
My brother sent me a card.
[My brother sent a card to me.]

9. 운동은 나를 건강하게 유지시켜요.
Exercise keeps me healthy.

10. 나는 저녁 식사 후에 나의 방에서 간식들을 먹어요.
I eat snacks in my room after dinner.

C 밑줄 친 부분을 바르게 고쳐 문장을 다시 쓰세요.

11. We flowers put in the vase.
We put flowers in the vase.

12. My brother makes I angry.
My brother makes me angry.

13. The medal makes him proudly.
The medal makes him proud.

14. My mom makes for me breakfast.
My mom makes me breakfast.
[My mom makes breakfast for me.]

15. She rides sometimes a bike to school.
She sometimes rides a bike to school.

D 우리말을 영어 문장으로 쓰세요.

16. 아름다운 꽃들은 나를 행복하게 만들어요. (beautiful)
Beautiful flowers make me happy.

17. 그는 나에게 도움이 되는 조언들을 줘요. (helpful)
He gives me helpful tips.
[He gives helpful tips to me.]

18. 나는 나의 책들을 책상 위에 두었어요. (put)
I put my books on the desk.

19. 나쁜 꿈들은 그를 무섭게 만들었어요. (scared)
Bad dreams made him scared.

20. 나는 오후에 도서관에서 수학을 공부해요. (afternoon)
I study math in the library in the afternoon.

A 괄호 안의 단어를 배열하여 문장을 완성하세요.

❶ 우리는 그를 슈퍼맨이라고 불러요. (call, we, him, Superman)
We call him Superman.

❷ 나의 아빠는 나를 왕자님이라고 불러요. (me, my, calls, prince, a, dad)
My dad calls me a prince.

❸ 그 유령은 우리를 무섭게 만들어요. (ghost, scared, the, makes, us)
The ghost makes us scared.

❹ 나의 선생님은 나에게 숙제를 줘요. (teacher, me, homework, my, gives)
My teacher gives me homework.

❺ 그는 자주 학교 끝나고 농구를 해요. (often, plays, school, after, he, basketball)
He often plays basketball after school.

B 보기의 표현을 활용하여 우리말을 영어 문장으로 쓰세요.

보기
angel
captain
money
loud noises
rainy days

❻ 비 오는 날은 그녀를 슬프게 만들어요.
Rainy days make her sad.

❼ 나의 이모는 자주 나에게 돈을 줘요.
My aunt often gives me money.
[My aunt often gives money to me.]

❽ 우리는 그녀를 천사라고 불렀어요.
We called her an angel.

❾ 시끄러운 소음은 우리를 화나게 만들어요.
Loud noises make us angry[upset].

❿ 나의 친구들은 나를 그들의 주장이라고 불러요.
My friends call me their captain.

C 밑줄 친 부분을 바르게 고쳐 문장을 다시 쓰세요.

⓫ I called a genius her.
I called her a genius.

⓬ I put my keys in the table.
I put my keys on the table.

⓭ His songs will make a star him.
His songs will make him a star.

⓮ She gave a new toy me yesterday.
She gave me a new toy yesterday.
[She gave a new toy to me yesterday.]

⓯ She will name Jenny her doll.
She will name her doll Jenny.

D 우리말을 영어 문장으로 쓰세요.

⓰ 나는 나의 아기를 공주라고 불러요. (princess)
I call my baby a princess.

⓱ 우리는 그녀를 우리의 리더로 만들었어요. (leader)
We made her our leader.

⓲ 그 시험들은 그를 긴장하게 만들어요. (nervous)
The tests make him nervous.

⓳ 나는 나의 강아지를 Winner라고 이름 지었어요. (name)
I named my dog Winner.

⓴ 그녀는 일요일에 그녀의 방에서 공부해요. (Sunday)
She studies in her room on Sunday.

A 괄호 안의 단어를 배열하여 문장을 완성하세요.

❶ 그녀는 매우 사랑스러워 보여요. (looks, she, lovely, very)
She looks very lovely.

❷ 그 개는 약간 나이 들어 보였어요. (old, dog, a, looked, the, little)
The dog looked a little old.

❸ 그들은 나를 공주라고 불러요. (a, call, me, they, princess)
They call me a princess.

❹ 그 고양이는 매우 귀여워 보여요. (cute, very, cat, looks, the)
The cat looks very cute.

❺ 나는 나의 모자들을 상자 안에 두어요. (put, caps, box, in, I, my, the)
I put my caps in the box.

B 보기의 단어를 활용하여 우리말을 영어 문장으로 쓰세요.

보기
full
name
cool
calm
call

❻ 나는 나의 아들을 James라고 이름 지었어요.
I named my son James.

❼ 그들은 이제 배부른 느낌이 들어요.
They feel full now.

❽ 나는 그녀를 Sweetie라고 부를 거예요.
I will call her Sweetie.

❾ 너는 매우 멋져 보였어.
You looked very cool.

❿ 좋은 책들은 우리를 차분하게 유지시켜요.
Good books keep us calm.

C 밑줄 친 부분을 바르게 고쳐 문장을 다시 쓰세요.

⓫ We call she a hero.
We call her a hero.

⓬ I made his proud.
I made him proud.

⓭ Jack feels excitedly now.
Jack feels excited now.

⓮ He looks handsome very.
He looks very handsome.

⓯ She gave helpful tips me yesterday.
She gave helpful tips to me yesterday.
[She gave me helpful tips yesterday.]

D 우리말을 영어 문장으로 쓰세요.

⓰ 나는 약간 무서운 느낌이 들어요. (scared)
I feel a little scared.

⓱ Sam은 매우 어려 보여요. (young)
Sam looks very young.

⓲ 그녀는 우리에게 수학을 가르쳐 줘요. (teach)
She teaches us math.
[She teaches math to us.]

⓳ 그는 항상 아침에 TV를 봐요. (watch)
He always watches TV in the morning.

⓴ 나는 학교 끝나고 집에서 팬케이크를 먹어요. (pancakes)
I eat pancakes at home after school.

A 괄호 안의 단어를 배열하여 문장을 완성하세요.

1 그는 나를 천재라고 불러요. (he, genius, a, me, calls)
He calls me a genius.

2 그 의자는 매우 멋져 보여요. (looks, chair, cool, the, very)
The chair looks very cool.

3 그 파스타는 좋은 냄새가 나요. (pasta, great, smells, the)
The pasta smells great.

4 그녀는 도서관에서 컴퓨터를 사용했어요. (in, used, computer, she, the, a, library)
She used a computer in the library.

5 그 아이스크림은 매우 달콤한 맛이 나요. (the, very, tastes, sweet, ice cream)
The ice cream tastes very sweet.

B 보기의 단어를 활용하여 우리말을 영어 문장으로 쓰세요.

보기
popcorn
candle
salty
fries
lemon

6 그 감자튀김은 안 좋은 냄새가 나요.
The fries smell bad.

7 나의 고양이는 나를 행복하게 만들어요.
My cat makes me happy.

8 그녀는 나에게 양초들을 만들어 줘요.
She makes me candles.
[She makes candles for me.]

9 그 팝콘은 짠 맛이 나요.
The popcorn tastes salty.

10 이 파스타는 레몬 같은 맛이 나요.
This pasta tastes like lemon.

C 밑줄 친 부분을 바르게 고쳐 문장을 다시 쓰세요.

11 The chocolate taste delicious.
The chocolate tastes delicious.

12 This cotton candy looks a cloud.
This cotton candy looks like a cloud.

13 The soup doesn't smells good.
The soup doesn't smell good.

14 She taked an umbrella to school.
She took an umbrella to school.

15 I wash my hands always in the bathroom before dinner.
I always wash my hands in the bathroom before dinner.

D 우리말을 영어 문장으로 쓰세요.

16 그 샌드위치는 신선한 맛이 나요. (fresh)
The sandwich tastes fresh.

17 그녀는 매우 피곤해 보여요. (tired)
She looks very tired.

18 이 쿠키들은 달콤한 냄새가 나요. (sweet)
These cookies smell sweet.

19 그것은 매우 시큼한 맛이 나요. (sour)
It tastes very sour.

20 그의 농담은 나를 화나게 만들었어요. (jokes)
His jokes made me upset[angry].

A 괄호 안의 단어를 배열하여 문장을 완성하세요.

1 그녀는 주말에 게을러져요. (lazy, weekends, on, she, gets)
She gets lazy on weekends.

2 그는 수업 시간 동안 배고파졌어요. (during, got, he, class, hungry)
He got hungry during class.

3 Lily는 스타일이 매우 좋아 보여요. (stylish, looks, Lily, very)
Lily looks very stylish.

4 그 초콜릿은 달콤한 냄새가 나요. (chocolate, sweet, smells, the)
The chocolate smells sweet.

5 그들은 저녁 식사 후에 배불러졌어요. (after, got, they, full, dinner)
They got full after dinner.

B 보기의 표현을 활용하여 우리말을 영어 문장으로 쓰세요.

보기
rainy days
dance practice
star
hungry
bad words

6 그들은 그녀를 스타라고 불렀어요.
They called her a star.

7 비 오는 날은 나를 피곤하게 만들어요.
Rainy days make me tired.

8 그는 절대 나쁜 말을 사용하지 않아요.
He never uses bad words.

9 나는 점심 식사 전에 배고파졌어요.
I got hungry before lunch.

10 나는 춤 연습 후에 졸렸어요.
I got sleepy after dance practice.

C 밑줄 친 부분을 바르게 고쳐 문장을 다시 쓰세요.

11 She tired gets in the evening.
She gets tired in the evening.

12 I will gets better after some rest.
I will get better after some rest.

13 The salad tastes like sour.
The salad tastes sour.

14 He eat a sandwich at school at noon.
He eats a sandwich at school at noon.

15 They got famouser after the show.
They got more famous after the show.

D 우리말을 영어 문장으로 쓰세요.

16 그들은 나를 Smiley라고 불러요. (call)
They call me Smiley.

17 나의 친구는 나에게 엽서들을 보내 줘요. (postcard)
My friend sends me postcards.
[My friend sends postcards to me.]

18 그는 매년 키가 더 커져요. (tall)
He gets taller every year.

19 이 수프는 약간 짠 맛이 나요. (soup)
This soup tastes a little salty.

20 나의 여동생은 더 튼튼해졌어요. (strong)
My sister got stronger.

A 괄호 안의 단어를 배열하여 문장을 완성하세요.

① 오늘은 금요일이에요. (is, today, it, Friday)
It is Friday today.

② (날씨가) 약간 바람이 불어요. (is, a, windy, it, little)
It is a little windy.

③ 화창한 날은 그를 행복하게 만들어요. (make, days, happy, him, sunny)
Sunny days make him happy.

④ 그 샐러드는 약간 이상한 맛이 나요. (a, salad, strange, tastes, little, the)
The salad tastes a little strange.

⑤ 그녀는 연습으로 강해질 거예요. (with, strong, get, she, practice, will)
She will get strong with practice.

B 〈보기〉의 표현을 활용하여 우리말을 영어 문장으로 쓰세요.

〈보기〉
full
every day
foggy
sleepy
July

⑥ (날씨가) 안개가 매우 끼어 있어요.
It is very foggy.

⑦ 7월 5일이에요.
It is July 5.

⑧ 그들은 점심 식사 후에 배부른 느낌이 들었어요.
They felt full after lunch.

⑨ 나는 저녁 식사 후에 졸려요.
I get sleepy after dinner.

⑩ (날씨가) 매일 더 추워져요.
It gets colder every day.

C 밑줄 친 부분을 바르게 고쳐 문장을 다시 쓰세요.

⑪ It very stormy is.
It is very stormy.

⑫ It are my birthday today.
It is my birthday today.

⑬ The popcorn smells greatly.
The popcorn smells great.

⑭ She will name Nemo her fish.
She will name her fish Nemo.

⑮ He bringed his ball to the playground yesterday.
He brought his ball to the playground yesterday.

D 우리말을 영어 문장으로 쓰세요.

⑯ (날씨가) 구름이 매우 많이 끼어 있어요. (cloudy)
It is very cloudy.

⑰ (날씨가) 너무 추웠어요. (cold)
It was too cold.

⑱ 그는 그의 친구들에게 양초들을 만들어 주었어요. (candle)
He made his friends candles.
[He made candles for his friends.]

⑲ 시끄러운 소음은 우리를 화나게 만들어요. (loud noises)
Loud noises make us angry[upset].

⑳ 나는 가끔 학교 끝나고 빵을 먹어요. (eat)
I sometimes eat bread after school.

A 괄호 안의 단어를 배열하여 문장을 완성하세요.

① 공원에 잔디가 있어요. (there, grass, in, is, park, the)
There is grass in the park.

② 정원에 꽃들이 있어요. (garden, there, flowers, the, are, in)
There are flowers in the garden.

③ (날씨가) 오늘은 더 추워졌어요. (colder, it, got, today)
It got colder today.

④ 나의 친구들은 나를 영웅이라고 불러요. (call, a, friends, my, hero, me)
My friends call me a hero.

⑤ 그는 춤 연습 후에 피곤해져요. (he, practice, gets, dance, tired, after)
He gets tired after dance practice.

B 〈보기〉의 단어를 활용하여 우리말을 영어 문장으로 쓰세요.

〈보기〉
some
field
sour
snowy
squirrel

⑥ (날씨가) 어제는 눈이 왔어요.
It was snowy yesterday.

⑦ 들판에 말 한 마리가 있어요.
There is a horse in the field.

⑧ 그 레몬은 너무 시큼한 맛이 나요.
The lemon tastes too sour.

⑨ 하늘에 구름들이 조금 있어요.
There are some clouds in the sky.

⑩ 숲속에 많은 다람쥐들이 있어요.
There are many squirrels in the forest.

C 밑줄 친 부분을 바르게 고쳐 문장을 다시 쓰세요.

⑪ She gets sleep after lunch.
She gets sleepy after lunch.

⑫ My uncle gave a book for me.
My uncle gave a book to me.

⑬ There is some pencils on the desk.
There are some pencils on the desk.

⑭ She will names her daughter Ella.
She will name her daughter Ella.

⑮ There are a rainbow in the sky.
There is a rainbow in the sky.

D 우리말을 영어 문장으로 쓰세요.

⑯ 공원에 새들이 있어요. (bird)
There are birds in the park.

⑰ 나는 어제 나의 모자를 집에 두고 갔어요. (home)
I left my cap at home yesterday.

⑱ 어제는 그의 생일이었어요. (it)
It was his birthday yesterday.

⑲ 언덕 위에 나무가 있어요. (hill)
There is a tree on the hill.

⑳ 식탁 위에 쿠키들이 몇 개 있어요. (cookie)
There are some cookies on the table.

A 괄호 안의 단어를 배열하여 문장을 완성하세요.

1 너의 책을 펴라. (book, open, your)
Open your book.

2 우리의 교실을 청소하자. (let's, classroom, clean, our)
Let's clean our classroom.

3 (날씨가) 오늘은 바람이 너무 불어요. (too, today, is, it, windy)
It is too windy today.

4 그는 어제 매우 멋져 보였어요. (looked, very, he, cool, yesterday)
He looked very cool yesterday.

5 쓰레기를 쓰레기통에 버려라. (trash, throw, in, bin, the)
Throw trash in the bin.

B 〈보기〉의 단어를 활용하여 우리말을 영어 문장으로 쓰세요.

〈보기〉
the walk
textbook
hands
garden
leader

6 그 교과서를 덮어라.
Close the textbook.

7 정원에 새들이 있어요.
There are birds in the garden.

8 너의 손을 씻어라.
Wash your hands.

9 그녀는 산책 후에 배고파졌어요.
She got hungry after the walk.

10 그들은 나를 그들의 리더로 만들었어요.
They made me their leader.

C 밑줄 친 부분을 바르게 고쳐 문장을 다시 쓰세요.

11 Please don't <u>writes</u> in your book.
Please don't write on your book.

12 Our teacher gave balloons <u>for us</u>.
Our teacher gave balloons to us.

13 There <u>are</u> some juice in the fridge.
There is some juice in the fridge.

14 Let's <u>colors</u> the pictures.
Let's color the pictures.

15 This pasta tastes <u>salt</u>.
This pasta tastes salty.

D 우리말을 영어 문장으로 쓰세요.

16 그는 가끔 거짓말해요. (lie)
He sometimes lies.

17 그 쿠키들을 먹지 말아라. (eat)
Don't eat the cookies.

18 내일은 너희들의 점심 도시락들을 가져와라. (lunchbox)
Bring your lunchboxes tomorrow.

19 그 빵은 달콤한 냄새가 나요. (bread)
The bread smells sweet.

20 그녀는 자기 전에 욕실에서 샤워를 해요. (shower)
She takes a shower in the bathroom before bed.

Nickname Detective

우리나라에서 '별명'은 주로 외모나 성격, 습관처럼 사람의 특징을 보고 붙이는 이름으로, 별명이 없는 사람도 많아요. 하지만 영어권 나라에서 nickname은 친근하게 부르는 '애칭'의 의미로도 쓰여요. 따라서 대부분 자신의 이름을 줄이거나 변형하여 친근하게 부르는 애칭을 가지고 있어요. 예를 들어 Michael은 Mike, Elizabeth는 Liz로 줄여 부르거나, Son(손흥민)처럼 이름 끝에 -y를 붙여 Sonny, Jennifer는 Jenny처럼 바꾸기도 합니다. 영어권에서도 한국처럼 특징을 보고 별명을 만들 때도 있지만, 친구의 기분을 상하게 할 수 있는 별명은 주의해서 사용해야 해요.

● 다음은 친구들의 사진이에요.
아래 nickname에 해당하는 친구를 골라 보세요.

① **Sunny**: 해처럼 항상 밝은 친구
② **Red**: 빨간 머리의 친구
③ **Speedy**: 행동이 빠른 친구
④ **Curly**: 곱슬머리의 친구
⑤ **Princess**: 공주처럼 입는 것을 좋아하거나 행동하는 친구
(사랑하는 사람을 친근하게 부르는 의미도 포함)

정답 21쪽

MEMO

MEMO